Fisch & Meeresfrüchte

Fisch & Meeresfrüchte

Reader's Digest

Inhalt

Vorspeisen & Salate

Suppen & Eintöpfe

Gedünstet, gedämpft & pochiert

Gebraten & frittiert

Gegrillt & gebacken

Neptuns Schätze

Fisch und Meeresfrüchte sind Naturprodukte, die in einer so reichen Vielfalt angeboten werden wie kaum ein anderes Nahrungsmittel. Die kontrollierte Aufzucht von Süßwasser- und Seefischen und anderen Wassertieren in Farmen (Aquakulturen) wird immer wichtiger. Denn die industrielle Hochseefischerei und die traditionelle Fischerei können den weltweiten Bedarf an Fisch und Meeresfrüchten schon lange nicht mehr decken. Um dennoch den Bedarf einigermaßen befriedigen zu können, rückt mehr und mehr die Aquakultur in den Fokus. Weltweit werden heute rund 60 Millionen Fische und Meeresfrüchte gezüchtet. Fast genauso viel wie die Menge, die wild gefangen wird. Gezüchtet wird in natürlichen oder künstlichen Teichen, in Einfriedungen oder in Netzkäfigen im Meer. Doch wie an Land hat auch die Massentierhaltung im Wasser ihre Schattenseiten. Deshalb lohnt sich der Griff zu Bio-Ware oder zu Fischen aus zertifizierter Aquakultur.

Je nach Lebensraum unterteilt man die Speisefische in Süßwasser- und Seefische. Seefische leben im Meer. Eine Mittelposition nehmen sogenannte Wanderfische ein, zu denen z. B. der Aal ebenso wie der Lachs gehört. Sie verbringen ihre Jugend in Flüssen und wandern später ins Salzwasser der Ozeane ab. Die häufigsten Seefische auf deutschen Tellern sind Alaska-Seelachs, Hering, Pangasius, Lachs, Thunfisch, Seelachs, Rotbarsch, Seehecht, Kabeljau und Makrele. Die Liste der beliebtesten Süßwasser-Speisefische führt die Forelle an, gefolgt von Hecht, Karpfen, Tilapia, Viktoria-Seebarsch, Zander und Wels (Waller).

Vom Einkauf bis zur Zubereitung

Augen, Kiemen und die Haut zeigen, ob ein Fisch tatsächlich frisch ist. Die Augen müssen klar und glänzend sein. Trübe und milchige Augen sind Anzeichen dafür, dass der Fisch schon ein paar Tage alt ist. Einzige Ausnahme ist der Zander, der von Natur aus trübe Pupillen hat. Bei frischem Fisch sollten die Kiemen feucht glänzend und intensiv rot sein. Der ganze Fisch schimmert glänzend metallisch, die Haut ist gespannt und haftet gut am festen Fleisch. Frische Süßwasserfische sind von einer klaren Schleimschicht umgeben. Bei bereits filetiertem Fisch wird die Altersbestimmung eher schwierig. Hier müssen Sie sich auf den Fischhändler

Kleine Kraftpakete

Fisch und Meeresfrüchte sind mit ihrem von der Natur ideal kombinierten Gehalt an Eiweiß, essenziellen Fettsäuren, Mineralien, Spurenelementen und Vitaminen ein wertvoller Bestandteil unserer Nahrung. Neben den Vitaminen der B-Gruppe, die als Fermentbausteine wichtige Stoffwechselfunktionen erfüllen, liefert Fisch vor allem die Vitamine A und D. Er enthält Natrium, Kalium, Kalzium, Magnesium, Phosphor, Eisen und Chlor, Kupfer, Mangan, Zink, Kobalt und Fluor. Seefische und Meeresfrüchte sind außerdem die einzigen reichen Jodquellen in unserer Ernährung.

Ihres Vertrauens verlassen – und auf Ihre Nase. Frischer Fisch riecht nicht fischig, sondern kaum wahrnehmbar nach Tang und Meer. Tiefgekühlter Fisch ist oft „frischer" als frisch angebotener. Die meisten Fische werden heute bereits an Bord der Fangschiffe ausgenommen, auf Eis gelegt oder sofort schockgefrostet. Damit ist die einwandfreie Hygiene gewährleistet, sofern die Kühlkette auf dem Weg zum Verbraucher nicht unterbrochen wird.

Fisch kann man auf vielfältige Weise zubereiten, und außer dem sprudelnden Kochen eignet sich eigentlich jede Zubereitungsart für die Fischküche. Die Freude beim Kochen und Genießen setzt allerdings ein paar Kenntnisse voraus. Fischfleisch ist besonders zart: Deshalb sollte man es bei mäßiger Hitze gar ziehen lassen, dünsten oder dämpfen. Fischfilets haben eine Hautseite, die silbrig glänzt, nachdem die Haut abgezogen wurde, und eine Grätenseite, die vor dem Filetieren auf den Gräten lag. Beim Braten zieht sich die Hautseite zusammen, deshalb sollte sie zunächst oben liegen, damit die Filets flach bleiben. Aber: Brät man das Fischfilet mit der Haut, legt man es zunächst auf der Hautseite in die Pfanne.

Die sanfteste Garmethode für ganze Fische ist das **Dämpfen**. Dabei wird der Fisch im Dämpfeinsatz über einem siedenden, oftmals aromatisierten Sud bei ca. 100 °C im Wasserdampf gegart. Er sollte nicht mit der Flüssigkeit in Berührung kommen.

Das **Pochieren**, auch Garziehen oder Blaukochen genannt, ist die häufigste Garmethode für ganze Fische. Der Fisch gart knapp unter dem Siedepunkt in gewürztem Fischsud, der oft noch mit Weißwein verfeinert wird.

Beim **Dünsten** wird der Fisch, meist auf einem Gemüsebett, mit wenig Flüssigkeit in einem fest verschlossenen Topf gegart. Diese Methode eignet sich sehr gut für zarte Filets und Fische, deren Fleisch leicht trocken wird.

Durch das **Braten** verändert sich der Eigengeschmack des Fischs durch die dabei entstehenden Röststoffe. Ganze Fische werden zunächst schnell auf beiden Seiten bei großer Hitze angebraten und anschließend bei schwacher Hitze fertig gegart. Fischfilets brät man zuerst auf der Hautseite, anschließend bei reduzierter Temperatur auf der Fleischseite, damit das Fleisch nicht trocken wird.

Im **Ofen** zubereitet gelingt der Fisch auch Kochanfängern problemlos – ob im Tontopf, in Pergament, im Teigmantel oder unter der Salzkruste. Ein weiterer Vorteil des Backofens ist die geringere Geruchsentwicklung beim Garen.

Gesundes aus Fluss und Meer

Süßwasserfisch und Seefisch

Fischeiweiß gehört zu den hochwertigsten Eiweißarten unserer Nahrung. Der Hauptgrund dafür ist der hohe Gehalt an essenziellen Aminosäuren und deren besonders günstige Mengenrelation. So decken 200 g Fischfilet den Tagesbedarf eines Erwachsenen an tierischem Eiweiß. Außerdem ist Fisch aufgrund des niedrigen Bindegewebsanteils wesentlich leichter verdaulich als Fleisch, wird vom Organismus schneller aufgenommen und belastet ihn daher weniger. Magerfische haben darüber hinaus den Vorteil, dass sie zur gleichen Zeit viel hochwertiges tierisches Eiweiß und dabei wenig Fett liefern. Das ohnehin nur in begrenzter Menge im Fischfleisch enthaltene Fett hat allerdings eine gänzlich andere Zusammensetzung als das der Landtiere: Es zeichnet sich durch einen hohen Anteil an mehrfach ungesättigten Fettsäuren aus. Zahlreiche Studien haben gezeigt, dass Fischöle wegen ihres günstigen Fettsäurespektrums überhöhte Blutcholesterinspiegel senken und arteriosklerotischen Gefäßveränderungen entgegenwirken können. Als wirksames Nahrungsmittel bei der Vorbeugung gegen Herzinfarkt gewinnt Fisch zunehmend an Bedeutung.

Meeresfrüchte

Als Meeresfrüchte bezeichnet man alle essbaren Meerestiere mit Ausnahme von Fischen, z. B. Krustentiere, Muscheln und Tintenfische. Meeresfrüchte bevölkern in einer enormen Vielfalt die Meere und ihre Küsten und stellen, da hierzulande bisher viele Arten noch kaum bekannt sind, ein großes unentdecktes kulinarisches Potenzial dar.

Bereits in der Antike schätzte man das feine Fleisch mit dem unvergleichlichen Geschmack nach Salz und Meer von Hummer, Garnelen und Austern. Antike Schriftsteller wie Ovid und Plinius haben sich mit diesen Tieren beschäftigt und in ihren Werken die Methoden und Geräte beschrieben, mit denen sie gefangen wurden. Mosaike und Wandmalereien in Pompeji und anderen antiken Städten zeugen davon, dass Meeresfrüchte schon damals gern gesehene Gäste auf den Tafeln fröhlicher Genießer waren.

Meeresfrüchte sind kulinarische Alleskönner. Man kann sie dünsten, gratinieren und grillen, sie heiß und kalt (als Salat oder marinierte Vorspeise) genießen.

Muscheln

Austern und einige Muscheln werden häufig roh verzehrt. Unter ihrer harten Schale verbirgt sich nicht nur eine köstliche, sondern auch eine gesunde Delikatesse. Ihr mageres Fleisch ist reich an wertvollen Inhaltsstoffen wie Omega-3-Fettsäuren, Vitamin B_6 und B_{12}, Mineralstoffen wie Natrium, Kalium, Kalzium und Magnesium, Spurenelementen wie Jod und Selen.

Die Regel „Keine Muscheln in Monaten ohne r" hat im Zeitalter moderner Kühlmöglichkeiten keine Bedeutung mehr. Heute können die höheren Temperaturen zwischen Mai und August den Meeresbewohnern nichts mehr anhaben, sofern sie kühl gelagert werden und die Kühlkette bis zum Verbraucher nicht unterbrochen wird. Muscheln aus wärmeren Regionen sind in dieser Zeit wegen des besseren Nahrungsangebots fetter als in der kalten Jahreszeit. Im heimischen Kühlschrank lagert man sie am besten bei 4 bis 7 °C, unterhalb des Gefrierpunkts sterben sie ab.

Frische Muscheln müssen vor der Zubereitung noch leben. Wer sich nicht sicher ist, macht den Frischetest und klopft sanft gegen die Schalen der Muscheln: Bei leicht geöffneten Muscheln müssen sich die Schalenhälften wieder verschließen. Falls nicht, die Muscheln lieber aussortieren. Geschlossene Exemplare dürfen nicht hohl klingen und sollten sich gegen das Öffnen sträuben. Beim Kochen müssen sie sich dann allerdings öffnen. Muscheln, die nach dem Garen noch geschlossen sind, waren vor dem Kochen bereits nicht mehr am Leben und sollten keinesfalls verzehrt werden.

Fett- und Magerfische

Fettfische haben durchschnittlich einen Fettgehalt von über 10 %. Dazu gehören: Aal, Dornhai, Buttermakrele, Hering, Lachs, Makrele, Schwarzer Heilbutt, Sprotte, Thunfisch und Wels (Waller). Bei mittelfetten Fischen liegt der Fettgehalt zwischen 2 und 9 %, wie bei Brasse, Forelle (im Bild), Dorade (Goldbrasse), Meeräsche, Karpfen, Rotbarsch, Saibling, Sardine und Sardelle. Fettarme Fische weisen einen Fettgehalt unter 2 % auf. Dazu gehören: Alaska-Seelachs, Flunder, Flussbarsch (Egli), Hecht, Kabeljau (Dorsch), Meerbarbe, Schellfisch, Scholle, Seehecht, Seelachs (Köhler), Seeteufel, Seezunge, Steinbutt und Zander.

Vorspeisen & Salate

Nudelsalat mit Meeresfrüchten

Zutaten

4 Portionen

250 g Cocktailtomaten
Salz
250 g muschelförmige Nudeln (Conchiglie)
frisch gemahlener Pfeffer
4 EL Zitronensaft
1 EL weißer Balsamico-Essig
5 EL Olivenöl
350 g marinierte Meeresfrüchte
(Kühltheke, Fisch- oder Feinkostgeschäft)
1 Zucchini
½ Bund Petersilie

Zubereitungszeit
20 Minuten

1 Die Tomaten waschen, halbieren und salzen. Inzwischen in einem Topf Wasser mit Salz zum Kochen bringen und die Nudeln darin nach Packungsangabe bissfest garen.

2 Aus Salz, Pfeffer, Zitronensaft, Balsamico-Essig und Olivenöl eine Salatsauce rühren. Die Meeresfrüchte abtropfen lassen.

3 Zucchini waschen, von den Enden befreien und mit einem Hobel oder einem Messer in feine Streifen schneiden. Zucchini, Tomaten und Meeresfrüchte mit der Salatsauce mischen.

4 Die Nudeln in einem Sieb abgießen, kalt abschrecken und gut abtropfen lassen. Die Petersilie waschen und fein hacken.

5 Die abgekühlten Nudeln und die Petersilie unter die Meeresfrüchtemischung heben. Den Salat zugedeckt kühl stellen und am besten noch mindestens 10 Minuten durchziehen lassen.

Lachs- oder Regenbogenforelle nach Gravelax-Art

Zutaten

10 Portionen

800–1000 g Lachs- oder Regenbogenforellenfilet
60 g Meersalz
60 g Zucker
3 TL Koriandersamen, geröstet und zerdrückt
60 ml Wodka
1 Bund frischer Dill (ca. 90 g), gehackt
2 kleine oder 1 große Rote Bete, grob gerieben

Zubereitungszeit
30 Minuten,
plus 24–36 Stunden zum Pökeln

1 Den Fisch mit einer Pinzette von Gräten befreien und in eine große, flache Glas- oder Keramikschale legen.

2 Salz, Zucker, Koriandersamen, Wodka, Dill und Rote Bete in einer kleinen Schale mischen. Die Hälfte der Mischung über den Fisch träufeln. Diesen wenden und mit der restlichen Mischung beträufeln. Den Fisch mit doppelt gelegter Frischhaltefolie bedecken, einen großen Teller oder ein Tablett daraufsetzen und mit mehreren vollen Konservendosen oder Reisbeuteln beschweren. (Die Gewichte sollen reichlich Druck auf den Fisch ausüben.)
Dann 24–36 Stunden in den Kühlschrank stellen.

3 Überschüssige Marinade vom Fisch abreiben. Diesen dann mit Küchenpapier trocken tupfen, mit einem langen scharfen Messer in dünne Scheiben schneiden und servieren.

Tipps

Um Ihre Küche möglichst sauber zu halten, können Sie die Marinade auch auf folgende Art auftragen: Den Fisch mit der Rote-Bete-Mischung in einen großen Druckverschlussbeutel geben, den Beutel fest verschließen und die Marinade sorgfältig in den Fisch einmassieren.
Als Beilage eignet sich Tomatensalat mit Basilikum. Besonders farbenfroh wirkt dieser, wenn Sie für die Zubereitung eine Mischung aus roten und gelben Cocktailtomaten verwenden.

Warmer Nudelsalat mit Thunfisch und Petersilie

Zutaten

4 – 6 Portionen

250 g Kirschtomaten
1 große rote Zwiebel, in schmale Spalten geschnitten
2 Knoblauchzehen, in Scheiben geschnitten
4 EL Pinienkerne
1 EL Olivenöl
Salz und Pfeffer
300 g Penne oder andere kurze Pasta nach Wahl
2 Dosen (je 160 g) Thunfisch natur, abgetropft, in mundgerechte Stücke zerpflückt
200 g Dosenmais, abgetropft
30 g glatte Petersilie, fein gehackt

Zubereitungszeit
30 Minuten

Für das Dressing
Saft von 1 Zitrone
6 EL Olivenöl extra vergine
2 TL körniger Senf
1 EL eingelegte Kapern, abgespült, abgetropft, grob gehackt

1 Den Backofen auf 180 °C vorheizen. Ein Backblech mit Backpapier belegen. Tomaten, Zwiebelspalten, Knoblauch und Pinienkerne darauf verteilen. Mit dem Öl beträufeln, nach Geschmack salzen und pfeffern und behutsam durchmischen. Für 15 – 20 Minuten in den Ofen schieben, bis die Tomaten weich werden und die Pinienkerne leicht gebräunt sind. Aus dem Ofen nehmen und beiseitestellen.

2 Inzwischen die Pasta in einem großen Topf in sprudelnd kochendem Salzwasser nach Packungsangabe bissfest garen.

3 Die Zutaten für das Dressing in einer kleinen Schüssel gründlich verrühren.

4 Pasta abseihen und gut abtropfen lassen. Zurück in den Topf geben. Tomaten-Mix, Thunfisch, Mais und Petersilie dazugeben. Dressing darüberträufeln und behutsam vermischen; die Tomaten dabei nicht verletzen. Warm servieren.

Sardinensalat mit Mandeln

Zutaten

2 Portionen

Saft und abgeriebene Schale von einer unbehandelten Orange
frisch gemahlener schwarzer Pfeffer
2 EL natives Olivenöl
½ kleine rote Zwiebel, halbiert, in dünne Ringe geschnitten
180 g gemischte Blattsalate, junger Spinat oder Rucola
1 rote und 1 gelbe Paprika, entkernt und geviertelt
210 g Sardinen im eigenen Saft, abgetropft
40 g ungeschälte Mandeln, in Scheiben

Zubereitungszeit
15 Minuten

1 Den Backofengrill auf höchster Stufe vorheizen oder eine Grillpfanne stark erhitzen. Orangensaft und -schale mit etwas Pfeffer in eine Salatschüssel geben und verquirlen. Unter ständigem Rühren nach und nach das Öl zugießen. Zwiebelringe und Blattsalate, Spinat oder Rucola zufügen und in dem Dressing wenden.

2 Die Paprika im Backofen oder in der Pfanne 8–10 Minuten unter mehrmaligem Wenden grillen, bis die Haut dunkel wird und Blasen wirft und das Fleisch weich ist.

3 Unterdessen die Sardinen mit einem scharfen Messer längs aufschneiden und die Rückengräten entfernen.

4 Die Paprika abkühlen lassen, häuten und in dünne Streifen schneiden. Paprika und Sardinen zum Salat geben und unterheben. Den fertigen Salat mit den Mandeln bestreuen und servieren.

Tipp

Sie können für dieses Rezept auch frische Sardinenfilets verwenden. 3–4 Stück davon pro Person nach dem Grillen der Paprika in Schritt 2 von jeder Seite 2 Minuten in Backofen oder Pfanne garen.

Schellfisch mit Tomaten-Zwiebel-Salat

Zutaten

4 Portionen

1 rote Zwiebel, halbiert und in sehr dünne Halbringe geschnitten
4 Tomaten, halbiert, von Stielansätzen und Samen befreit
¼ TL Chiliflocken
1 EL kandierter Ingwer
1 TL Zucker
1 EL Tomatenmark
1 EL Rotweinessig
3 EL Olivenöl
4 dicke Stücke Schellfisch ohne Haut (je etwa 125 g)
Salz und grob gemahlener Pfeffer
Kresse zum Garnieren

Zubereitungszeit
15 Minuten

1 Die Zwiebelringe in eine Schüssel geben. Die Tomaten in dünne Streifen schneiden und zufügen. Chiliflocken, Ingwer und Zucker daraufstreuen, dann Tomatenmark und Essig unterrühren. Abschmecken und 2 EL Öl untermischen.

2 Den Backofengrill auf höchster Stufe vorheizen. Ein Backblech dünn fetten. Die Schellfischstücke mit den Hautseiten nach oben darauflegen und mit etwas von dem restlichen Öl bestreichen. 3 Minuten grillen, dann wenden, mit dem restlichen Öl bestreichen und weitere 3 Minuten grillen, bis der Fisch gar ist.

3 Den Salat auf vier Teller verteilen und die Fischstücke darauf anrichten. Mit etwas Salz und grob gemahlenem Pfeffer bestreuen, mit Kresse garnieren und sofort servieren.

Jakobsmuscheln mit Zitrusmarinade

Zutaten

4 Portionen

1 unbehandelte Limette
1 kleine unbehandelte Zitrone
2 kleine unbehandelte Orangen
2 EL natives Olivenöl
12 große frische Jakobsmuscheln ohne Rogen
30 g frischer Koriander
30 g Brunnenkresse
frisch gemahlener schwarzer Pfeffer

Zubereitungszeit
15 Minuten

1 Die Schale von Limette, Zitrone und einer Orange fein abreiben und mit 1 EL Olivenöl in einer Schale vermengen. Die Jakobsmuscheln in diese Marinade geben und rundum darin wenden.

2 Die Zitrone und beide Orangen bis auf das Fruchtfleisch abschälen. Die einzelnen Segmente mit einem scharfen Messer herauslösen. Die Zitronensegmente in 2–3 Stücke schneiden, die Orangensegmente ganz lassen. Dann mit Koriander und Brunnenkresse in eine Servierschüssel geben.

3 Die Limette pressen. Den Saft mit dem restlichen Öl und etwas Pfeffer in einer kleinen Schale mischen, dann beiseitestellen.

4 Eine große beschichtete Pfanne bei mittlerer Hitze erwärmen. Die Jakobsmuscheln darin von jeder Seite 1–2 Minuten braten. Vom Herd nehmen und mit den anderen Zutaten in der Servierschüssel mischen. Das Limettendressing zugießen und behutsam unterheben. Sofort servieren.

Tipp

Sie können dieses Gericht auch mit tiefgekühlten Jakobsmuscheln zubereiten. Die Muscheln über Nacht im Kühlschrank auftauen, mit einem Küchentuch trocken tupfen und wie in Schritt 1 beschrieben marinieren.

Garnelensalat mit Klementinen

Zutaten

4 Portionen

250 g küchenfertige TK-Garnelen
Salz
2 EL Zitronensaft
100 g Mini-Maiskolben
4 Klementinen
2 Chicoréestauden
2 Frühlingszwiebeln
150 g saure Sahne
3 EL Rapsöl
2 EL Weißweinessig
50 ml Klementinensaft
schwarzer Pfeffer aus der Mühle
1 Prise Cayennepfeffer
Gartenkresse zum Garnieren

Zubereitungszeit
30 Minuten

1 Die Garnelen auftauen lassen. 100 ml Wasser mit 1/2 TL Salz und dem Zitronensaft aufkochen. Die Garnelen darin 1–2 Minuten garen. Herausnehmen, abtropfen und abkühlen lassen.

2 Die Mini-Maiskolben putzen und waschen. In leicht gesalzenem kochendem Wasser 4 Minuten garen. Abgießen und in Eiswasser abschrecken, dann abtropfen und abkühlen lassen. Die Klementinen schälen und in Stücke teilen, diese halbieren oder dritteln.

3 Den Chicorée putzen, dabei den bitteren Strunk jeweils keilförmig herausschneiden. Die Stauden waschen und trocken tupfen; in Streifen schneiden und auf einer Platte auslegen. Die Frühlingszwiebeln putzen, waschen und klein würfeln. Die Maiskolben halbieren.

4 Garnelen, Maiskolben, Klementinen und Frühlingszwiebeln in einer Schüssel vermischen. Für das Dressing saure Sahne, Rapsöl, Essig, Klementinensaft sowie Salz, Pfeffer und Cayennepfeffer cremig rühren. Das Dressing zu den Salatzutaten geben und vorsichtig untermischen. Den Salat auf den Chicoréestreifen anrichten, mit Kresse garnieren und sofort servieren.

Tipp

Anstelle von Klementinen können Sie auch Satsumas, Mandarinen oder Orangen nehmen. Orangen filetieren und in Stücke schneiden, Satsumas und Mandarinen entkernen.

Thunfisch-Mais-Schnecken

Zutaten

12 Stück

1 Rolle Pizzateig (400 g, Kühlregal)
50 g abgetropfte, getrocknete Tomaten (in Öl)
3 EL Tomatenmark
1 Dose Thunfisch im eigenen Saft (Abtropfgewicht 120 g)
2 EL Maiskörner (aus der Dose oder TK-Ware)
80 g geriebener Käse (z. B. Emmentaler)
Chiliflocken zum Bestreuen

Zubereitungszeit
30 Minuten

1 Den Backofen auf 220 °C vorheizen. Ein Backblech mit Backpapier belegen. Den Pizzateig entrollen.

2 Die getrockneten Tomaten fein zerkleinern und mit dem Tomatenmark verrühren. Die Masse auf den Teig streichen, dabei an den Längsseiten einen etwa 2 cm breiten Rand frei lassen.

3 Den Thunfisch abtropfen lassen und zerpflücken. Mit dem Mais auf dem Pizzaboden verteilen. Den Käse auf den Belag streuen und alles mit Chiliflocken würzen. Die Füllung leicht andrücken.

4 Den Teig von einer Längsseite her eng aufrollen und die Rolle mit einem scharfen Messer in 12 etwa 3 cm dicke Scheiben schneiden.

5 Die Scheiben auf das Backblech legen und mit dem Handballen etwas flach drücken. Im heißen Ofen (unten) in 15–20 Minuten goldbraun backen.

Matjessalat mit Orangen- und Zitronenfilets

Zutaten

4 Portionen

2 große Orangen
2 große Zitronen
3 Frühlingszwiebeln
6–8 küchenfertige Matjesfilets
50 ml frisch gepresster Orangensaft
2 EL Zitronensaft
1 EL Weißweinessig
3 EL Distelöl
Salz, grob gemahlener bunter Pfeffer
Zitronenmelisseblätter zum Garnieren

Zubereitungszeit
35 Minuten

1 Die Orangen und die Zitronen mit einem scharfen Messer so schälen, dass auch die dünne weiße Haut mit entfernt wird. Den dabei austretenden Saft auffangen. Die Orangen- und Zitronenfilets aus den Segmenten herausschneiden und in eine Schüssel geben.

2 Die Frühlingszwiebeln putzen, dabei die dunkelgrünen Abschnitte entfernen. Dann waschen, trockentupfen und in schmale Ringe schneiden. Einige hellgrüne Ringe für die Garnitur beiseitelegen.

3 Die Matjesfilets abspülen und trockentupfen. Anschließend in etwa 4 cm große Stücke schneiden, mit den Zitrusfruchtfilets und den Frühlingszwiebeln auf einer Platte oder auf Tellern anrichten.

4 Für die Vinaigrette den aufgefangenen Saft, Orangen- und Zitronensaft, Essig, Öl, 1 Prise Salz und Pfeffer in einer Schüssel kräftig mit einem Schneebesen aufschlagen. Über den Salat träufeln. Den Salat zudecken und mindestens 2 Stunden im Kühlschrank durchziehen lassen.

5 Den Salat aus dem Kühlschrank nehmen und Raumtemperatur annehmen lassen. Mit den restlichen Zwiebelringen und der Zitronenmelisse garnieren. Dazu passt dunkles Vollkornbrot oder Pumpernickel.

Räucherlachs und Lachskaviar auf Blattsalaten

Zutaten

4 Portionen

1 kleiner Radicchio
1 Friséesalatherz
100 g Brunnenkresse
¼ Bund glatte Petersilie
400 g Räucherlachs,
in dünne Scheiben geschnitten
50 g Lachskaviar
4 EL bestes Olivenöl
2 EL Zitronensaft
4 EL Limettensaft
Salz
weißer Pfeffer aus der Mühle

Zubereitungszeit
20 Minuten

1 Radicchio und Friséesalat putzen, waschen und trocken schütteln, die Blätter in Stücke schneiden. Die Brunnenkresse waschen und abtropfen lassen, die Blätter von den Stängeln zupfen.

2 Blattsalate und Kresse auf Portionstellern anrichten. Petersilie waschen und trocken schütteln. Die Blätter fein hacken und über die Blattsalate und Kresse streuen.

3 Die Lachsscheiben vorsichtig auseinandernehmen, in 2 cm breite Streifen schneiden. Die Lachsstreifen und den Lachskaviar auf den Salatportionen anrichten.

4 Für die Vinaigrette Olivenöl, Zitronen- und Limettensaft, Salz und Pfeffer in eine Schüssel geben und kräftig aufschlagen, bis sich das Salz aufgelöst hat. Die Vinaigrette über die Salate träufeln. Sofort servieren. Dazu passt ofenwarmes Baguette.

Tipp

Am besten frisch geräucherten Lachs verwenden, keinen in Folie abgepackten Fisch. Räucherlachs bester Qualität gibt es im Fisch- oder Feinkostgeschäft.

Feldsalat mit lauwarmem Lachs und Dill-Sahnesauce

Zutaten

4 Portionen

4 Stücke Lachsfilet ohne Haut (je 125 g)
Salz
1 TL Butter
200 g Feldsalat
200 g feste geschlossene Champignons
1 Bund Dill oder 2 EL TK-Dill
1 unbehandelte Zitrone
100 g saure Sahne
100 g süße Sahne
Zucker
frisch gemahlener weißer Pfeffer

Zubereitungszeit
25 Minuten

1 Die Lachsfilets auf beiden Seiten mit etwas Salz einreiben. In einer beschichteten Pfanne die Butter zerlassen. Die Filets darin zugedeckt bei mittlerer Hitze auf jeder Seite 3 Minuten dünsten. Herausnehmen und beiseitestellen.

2 Feldsalat verlesen, waschen, trocken schleudern und auf vier Teller verteilen. Die Pilze mit Küchenpapier abreiben, falls nötig, waschen und trocken reiben. Mit dem Gemüsehobel über dem Feldsalat in sehr dünne Scheiben schneiden.

3 Frischen Dill waschen und trocken schütteln. Die Spitzen abzupfen und fein hacken. Die Zitrone waschen, abtrocknen und etwa 1 TL Schale fein abreiben. Eine Zitronenhälfte auspressen.

4 Die ganze Sahne mit dem frischen oder gefrorenen Dill sowie Zitronenschale und -saft verrühren. Mit Salz und Zucker abschmecken.

5 Etwas Sahnesauce auf den Salatportionen verteilen. Die Lachsfilets in grobe Stücke teilen und auf den Salaten anrichten. Mit Pfeffer übermahlen und mit Zitronensaft beträufeln. Sofort mit der restlichen Sauce servieren.

SALAD

Lachs-Gurken-Timbales

Zutaten

4 Portionen

1 unbehandelte Gurke
Salz
6 Stängel Dill
1 kleine Knoblauchzehe
100 g Schafskäse (z. B. Feta)
1 EL Joghurt
1 TL mittelscharfer Senf
1 EL Apfelbalsamessig
frisch gemahlener Pfeffer
4 Scheiben Räucherlachs (125 g)
2 Frühlingszwiebeln
Borretschblüten zum Garnieren
(nach Belieben)

Zubereitungszeit
25 Minuten

1 Gurke waschen, von den Enden befreien, grob raspeln und salzen; etwa 10 Minuten ziehen lassen. Dill waschen und die Spitzen abzupfen. Knoblauch schälen, halbieren, salzen und mit dem Messerrücken fein zerdrücken. Schafskäse grob in eine Schüssel raspeln.

2 Vier Formen oder Tassen (etwa 150 ml Inhalt) so mit Frischhaltefolie auslegen, dass sie überlappt. Die Folienstücke sollen so groß sein, dass man danach die Formen damit zudecken kann.

3 Gurken abtropfen lassen und mit den Händen gut ausdrücken; zum Schafskäse in die Schüssel geben. Knoblauch, Dill, Joghurt, Senf und Apfelbalsamessig untermischen. Mit Salz und Pfeffer abschmecken.

4 Vier Lachsscheiben längs halbieren und die Formen bzw. Tassen damit auskleiden. Die Gurkenmischung darauf verteilen und gut festdrücken. Die überlappende Folie darüberschlagen und die Timbales mindestens 15 Minuten in den Kühlschrank stellen.

5 Frühlingszwiebeln putzen, waschen und fein zerkleinern. Timbales auf Teller stürzen und die Folie abziehen. Die Timbales mit Frühlingszwiebeln bestreuen, nach Belieben mit Borretschblüten garnieren und sofort servieren.

Tipp

Die Timbales schon einige Stunden vorher zubereiten und kühl stellen. Kurz vor dem Servieren die Formen stürzen und die Timbales garnieren.

Nizzasalat mit grünen Bohnen

Zutaten

4 Portionen

150 g grüne TK-Bohnen
Salz
4 Eier
1 Fleischtomate
1 orangefarbene Paprikaschote
2 Pellkartoffeln vom Vortag
1 rote Zwiebel
1 Romanasalat
50 g schwarze Oliven
200 g Thunfisch in Öl oder Lake

Vinaigrette
3 EL Rotweinessig
4 EL Olivenöl
Salz
schwarzer Pfeffer aus der Mühle

Zubereitungszeit
40 Minuten

1 Die Bohnen in 150 ml leicht gesalzenem Wasser in 10–15 Minuten bissfest garen. Abtropfen und abkühlen lassen, in Stücke schneiden. Die Eier hart kochen, kalt abschrecken und abkühlen lassen.

2 Die Tomate waschen, halbieren, vom Stielansatz befreien und in Stücke schneiden. Die Paprikaschote halbieren, putzen, waschen und in Streifen schneiden. Die Kartoffeln pellen, halbieren und in dünne Scheiben schneiden. Die Zwiebel abziehen und in feine Ringe teilen.

3 Den Salat putzen, waschen und gut abtropfen lassen. Die Salatblätter in etwa 3 cm breite Streifen schneiden und mit Bohnen, Kartoffeln, Tomaten und Paprika in einer großen Schüssel vermischen.

4 Für die Vinaigrette Essig, Öl, Salz und Pfeffer kräftig aufschlagen. Über den Salat gießen und unterheben. Die Zwiebelringe und die Oliven auf dem Salat verteilen. Den Thunfisch mit einer Gabel in Stücke zupfen, die Eier pellen und vierteln, beides über den Salat geben. Dazu passt ofenfrisches Baguette.

Tipp

Fleischtomaten schmecken nur im Sommer fruchtig und aromatisch. Außerhalb der Saison lieber die entsprechende Menge kanarische Tomaten oder aromatische Cocktailtomaten wählen.

Meeresfrüchte-Cocktail

Zutaten

4 Portionen

200 – 250 g TK-Meeresfrüchte-Mischung
3 – 4 Stangen Sellerie
150 g Crème fraîche
2 EL Sahne
gemahlene Kurkuma
Selleriesalz oder Salz
Cayennepfeffer
1 EL Schnittlauchröllchen

Zubereitungszeit
20 Minuten

1 Die tiefgekühlten Meeresfrüchte in einen Gefrierbeutel füllen. Den Beutel verschließen und in eine Schüssel mit warmem Wasser geben. Die Meeresfrüchte in etwa 10 Minuten auftauen lassen, dann aus dem Beutel in ein Sieb schütten, kurz kalt abbrausen und abtropfen lassen. Auf Küchenpapier ausbreiten und trocken tupfen.

2 Während die Meeresfrüchte auftauen, Stangensellerie putzen, waschen und in dünne Scheiben schneiden.

3 Die Crème fraîche mit der Sahne und 1 Prise Kurkuma in einer großen Schüssel verrühren. Die Sauce mit Selleriesalz und Cayennepfeffer abschmecken.

4 Meeresfrüchte, Selleriescheiben und Schnittlauchröllchen in die Schüssel zur Sauce geben und alles behutsam mischen. Alternativ kann man die Meeresfrüchte mit dem Sellerie und dem Schnittlauch mischen. Diese Mischung mit der Sauce in vier Gläser schichten und als kleine Vorspeise servieren.

Lachsterrine mit Senf-Sahne-Creme

Zutaten

6 Portionen

300 g Lachsfilet
(mit Haut, vom Mittelstück)
5 Stängel Petersilie
125 ml trockener Weißwein
(z. B. Grüner Veltliner)
125 ml Fischfond
½ Lorbeerblatt
Salz
frisch gemahlener Pfeffer
30 g Instant-Gelatine
2 EL trockener Wermut
(z. B. Noilly Prat oder Martini)
100 g Sahne
125 g saure Sahne
3 TL körniger Senf
2 TL Estragonessig
Estragonblättchen zum Garnieren
(nach Belieben)

Zubereitungszeit
30 Minuten

1 Lachsfilet trocken tupfen und mit der Hautseite nach unten in einen Dämpfeinsatz legen. Petersilie waschen. Wein, Fond, Lorbeerblatt und 2 Petersilienstängel in den zum Dämpfeinsatz passenden Topf füllen und aufkochen lassen. Den Einsatz in den Topf geben und den Lachs in etwa 8 Minuten gar dämpfen.

2 Dämpfeinsatz aus dem Topf heben. Lachsfilet herausnehmen, von der Haut lösen, längs halbieren und auf einen Teller legen; salzen und pfeffern. Zugedeckt kühl stellen. Garsud durch ein Sieb gießen und kurz abkühlen lassen. Von der restlichen Petersilie (3 Stängel) die Blättchen abzupfen.

3 Eine Terrinenform (30 × 6 × 6 cm) kalt ausspülen und mit Frischhaltefolie so auslegen, dass die Folie überlappt. 150 ml vom lauwarmen Garsud mit 15 g Instant-Gelatine und Wermut verrühren. Flüssigkeit in die Form gießen, Petersilienblättchen hineingeben und die Form für etwa 10 Minuten ins Tiefkühlgerät stellen, bis die Flüssigkeit fast fest ist.

4 Inzwischen die Sahne steif schlagen. Saure Sahne mit Senf und Estragonessig verrühren. Restliche Gelatine (15 g) untermischen. Creme mit Salz und Pfeffer abschmecken, steif geschlagene Sahne unterheben. Die Filethälften auf das Petersiliengelee legen (falls nötig, Filetstücke vorher passend zuschneiden), dann die Senfcreme auf den Lachs streichen. Mit Frischhaltefolie zudecken.

5 Die Form für etwa 2 Stunden in den Kühlschrank stellen, bis alle Schichten fest sind. Vor dem Servieren die Terrine vorsichtig stürzen. Die Lachsterrine am besten mit einem elektrischen Messer in Scheiben schneiden. Nach Belieben mit Estragonblättchen garnieren.

Forellenparfait auf Blattsalat

Zutaten

6 Portionen

300 g geräucherte Forellen- oder Saiblingfilets
25 g Butter
100 g Sahne
2 TL Sahnefestiger
3 EL Fischfond
3 EL trockener Weißwein
1 EL trockener Wermut (z. B. Noilly Prat)
4 Eigelb (L)
¼ TL Zucker
Salz
frisch gemahlener Pfeffer
100 g Blattsalatmischung (Eichblattsalat, Radicchio, Frisée)
2 EL Weißweinessig
½ TL mittelscharfer Senf
4 EL Walnussöl
rosa Pfefferbeeren zum Garnieren

Zubereitungszeit
30 Minuten

1 Butter zerlassen. Sahne steif schlagen, dabei den Sahnefestiger einrieseln lassen. Fischfond mit Weißwein und Wermut mischen und leicht erwärmen. Sechs Formen (je 150 ml Inhalt) mit kaltem Wasser ausspülen.

2 Eigelbe und Zucker in eine Schüssel über dem heißen Wasserbad oder in einen Simmertopf geben. Mit den Quirlen des Handrührgeräts auf höchster Stufe in etwa 2 Minuten zu einer dicklichen Creme schlagen.

3 Die lauwarme Fischfondmischung unter Rühren nach und nach in die Eigelbcreme gießen. Weiterschlagen, bis ein fester Schaum entsteht. Mit Salz und Pfeffer kräftig abschmecken. Schlagsahne und flüssige Butter rasch unterziehen.

4 Die Parfaitmasse sofort auf die Formen verteilen und mit Frischhaltefolie zudecken. Für mindestens 3 Stunden ins Tiefkühlgerät stellen, bis die Masse fest ist.

5 Blattsalatmischung waschen und abtropfen lassen. Für das Dressing Essig mit Senf, Salz und Pfeffer verrühren. Das Öl darunterschlagen. Parfait auf Teller stürzen und mit rosa Pfefferbeeren garnieren. Salat und geräucherte Fischfilets dazu anrichten und beides mit dem Dressing beträufeln.

Tipp

Parfaitmasse statt in sechs kleine Formen in eine Parfait- oder eine Rehrückenform füllen und tiefkühlen. In diesem Fall benötigt die Masse mindestens 1 Stunde länger, bis sie fest ist.

Suppen & Eintöpfe

Curry-Mais-Suppe mit Garnelen

Zutaten

4 Portionen

1 EL Currypaste
400 ml Kokosmilch
200 g Dosenmais, abgetropft
200 g rohe geschälte Garnelen
16 Kirschtomaten, halbiert
400 ml Rinderbrühe
1 Bund Koriandergrün, fein gehackt

Zubereitungszeit
15 Minuten

1 Die Currypaste in einem Topf auf kleiner Stufe erhitzen, bis sie leise zischt. Kokosmilch dazugießen und unter Rühren aufkochen lassen.

2 Mais dazugeben und 3 Minuten erwärmen. Die Garnelen zusammen mit den Kirschtomaten zufügen und einige Minuten mitgaren. Die Fleischbrühe in den Topf gießen, aufkochen lassen und zuletzt das Koriandergrün einrühren.

Tipp

Wenn Sie geschälte gegarte Garnelen (z. B. aus dem Kühlregal) verwenden, müssen sie nur noch erwärmt werden, die Suppe muss nach der Zugabe nicht mehr aufkochen.

Fischtopf

Zutaten

6 Portionen

1 kg gemischte Fischfilets
und Meeresfrüchte, z. B.
Lachs, Kabeljau, Rotbarsch, Seehecht
und rohe Garnelen
4–5 Safranfäden
2 EL natives Olivenöl
1 kleine Lauchstange, in dünnen Ringen
1 kleine rote Zwiebel, sehr fein gehackt
2 große Knoblauchzehen, zerdrückt
1 TL Fenchelsamen
1 TL Kreuzkümmelsamen
1 TL fein abgeriebene Orangenschale
1 kg reife Tomaten, gehäutet und gehackt
250 ml passierte Tomaten
1 l Fisch- oder Gemüsebrühe
frisch gemahlener schwarzer Pfeffer
frisch gehackte Petersilie zum Garnieren
4 Scheiben Baguette, getoastet

Zubereitungszeit
25 Minuten

1 Den Fisch in 2,5–5 cm große Stücke schneiden. Die Garnelen aus den Schalen lösen und die Darmfäden entfernen.

2 Die Safranfäden bei mittlerer Hitze 30 Sekunden in eine trockene Pfanne geben, bis sie leicht getrocknet sind. Vom Herd nehmen, mit einem Löffelrücken vorsichtig zerstoßen und beiseitestellen.

3 Das Öl in einem großen Topf erhitzen. Lauch, Zwiebel und Knoblauch darin bei geringer Hitze 5 Minuten unter Rühren dünsten. Fenchel- und Kreuzkümmelsamen sowie Orangenschale hinzufügen und 3–4 Minuten dünsten. Dann die frischen Tomaten und den vorbereiteten Safran zugeben und alles unter Rühren weitere 3–4 Minuten dünsten. Die passierten Tomaten und die Brühe zugießen. Aufkochen, die Hitze reduzieren und alles 5 Minuten köcheln lassen. Dann pfeffern.

4 Nach und nach den Fisch zugeben; dabei mit den festesten Stücken beginnen, danach die weicheren, dünneren Stücke zugeben. Zuletzt die Garnelen einrühren. Alles so lange köcheln, bis Fisch und Garnelen gar sind. Dann beides mit einem Schaumlöffel aus der Suppe heben und auf vorgewärmte Teller verteilen. Die Brühe erneut aufkochen und über die vorbereiteten Fischportionen geben.

5 Die einzelnen Portionen mit Petersilie garnieren und mit getoastetem Baguette servieren.

Thunfisch mit Paprika und Pilzen

Zutaten

4 Portionen

1 Zwiebel
250 g braune Champignons
2 EL natives Olivenöl
Salz
Pfeffer
1 EL körniger Senf
abgeriebene Schale von 1 unbehandelten Zitrone
1 Knoblauchzehe, zerdrückt
4 EL Sherry, trocken
Paprika in Öl (Glas, 280 g)
Thunfisch aus der Dose (185 g)
25 g Petersilie, gehackt

Zubereitungszeit
20 Minuten

1 Zwiebel würfeln, Champignons halbieren oder vierteln. In einer Pfanne Olivenöl erhitzen.

2 Die Zwiebelwürfel im Öl in 5 Minuten glasig dünsten. Pilze, Salz und Pfeffer zufügen. Alles unter gelegentlichem Rühren braten, bis Flüssigkeit aus den Pilzen austritt.

3 1 EL körnigen Senf, Zitronenschale, zerdrückte Knoblauchzehe und 4 EL trockenen Sherry zugeben. Rühren, bis die Pilze mit der Sauce überzogen sind.

4 Inzwischen die Paprika abtropfen lassen und in Streifen schneiden. Unter die Pilzmischung rühren und in 1 Minute heiß werden lassen. Abgetropften Thunfisch und gehackte Petersilie untermischen. Sofort servieren. Dazu passen Blattsalat und körnig gekochter Reis.

Tomaten-Fisch-Suppe

Zutaten

4 Portionen

400 g Seelachsfilet
2 EL Olivenöl
1 Gemüsezwiebel, klein gewürfelt
2 Knoblauchzehen, fein gehackt
2 Dosen Pizzatomaten (je 400 g)
50 ml trockener Weißwein
2 Lorbeerblätter
Salz
schwarzer Pfeffer
1 Prise Zucker
Cayennepfeffer

Zubereitungszeit
40 Minuten

1 Das Olivenöl in einem großen Topf erhitzen, die Zwiebel darin glasig dünsten. Knoblauch zugeben, ebenfalls glasig werden lassen. Pizzatomaten, Wein, 150 ml Wasser, Lorbeerblätter, Salz und Pfeffer zugeben.

2 Alles aufkochen und zugedeckt bei mittlerer Hitze 10 Minuten kochen. Den Fisch in 6 cm große Stücke schneiden und in die Suppe geben. Zugedeckt in 10 Minuten gar ziehen lassen.

3 Zum Schluss die Suppe mit Salz, Pfeffer, Zucker und Cayennepfeffer abschmecken. Gehackten Majoran und Crème fraîche vorsichtig unterrühren, ohne dass die Fischstücke dabei auseinanderfallen. Die Suppe mit Baguette servieren.

Tipp

Durch das Garen in der Suppe bleiben alle wertvollen löslichen Mineralstoffe und Spurenelemente, die im Fisch stecken, erhalten. Dazu zählt z. B. auch Jod, das beim Kochen in die Garflüssigkeit übergeht. Hier ist es die Tomatensuppe, die das Spurenelement gewissermaßen auffängt.

Gemüsesuppe mit Fisch und Meeresfrüchten

Zutaten

4 Portionen

350 g TK-Meeresfrüchte-Mix
2 Schalotten
1 Knoblauchzehe
1 EL Olivenöl
1 l Fischfond oder Hühnerbrühe
1 Prise Safran
1 Lorbeerblatt
250 g festkochende Kartoffeln
300 g Tomaten
200 g Kabeljaufilet
250 g TK-Mischgemüse
Salz
frisch gemahlener Pfeffer

Zubereitungszeit
25 Minuten

1 Meeresfrüchte aus dem Tiefkühlgerät nehmen und antauen lassen. Schalotten und Knoblauch schälen und würfeln. Öl in einem großen Topf erhitzen. Schalotten mit Knoblauch darin glasig dünsten. Fond bzw. Brühe mit Safran und Lorbeerblatt dazugeben. Aufkochen lassen.

2 Kartoffeln waschen, schälen und in etwa 1 cm große Würfel schneiden. In den Topf geben und die Suppe etwa 10 Minuten köcheln lassen, bis die Kartoffeln fast weich sind.

3 Tomaten kreuzförmig einritzen. In einer Schüssel mit kochendem Wasser übergießen; 1 Minute ziehen lassen, herausnehmen und kalt abschrecken. Von den Stielansätzen befreien, häuten, entkernen und klein schneiden. Fischfilet in 2–3 cm große Würfel schneiden.

4 Das TK-Gemüse in den Topf zu den Kartoffeln geben. Die Suppe aufkochen lassen. Anschließend Tomaten, Fisch und Meeresfrüchte hinzufügen, alles nochmals aufkochen, dann bei schwacher Hitze 3 Minuten köcheln lassen, bis alles gar ist. Die Suppe mit Salz und Pfeffer abschmecken und servieren.

Lachstopf mit Kartoffeln

Zutaten

4 Portionen

600 g große Kartoffeln, vorwiegend festkochend
350 g Zucchini
1 Zwiebel
2 EL Öl
1 Lorbeerblatt
650 ml Fischfond oder Gemüsebrühe
150 ml trockener Weißwein (z. B. Riesling)
600 g Lachsfilet
3 EL Zitronensaft
125 g Sahne
2 EL Mehl
Salz
frisch gemahlener Pfeffer
200 g TK-Champignons
4 Dillzweige

Zubereitungszeit
30 Minuten

1 Die Kartoffeln waschen, schälen und in 1 cm große Würfel schneiden. Die Zucchini waschen und die Enden abschneiden. Die Zucchini halbieren und die Hälften in 1 cm dicke Scheiben schneiden. Die Zwiebel schälen und würfeln.

2 Das Öl in einem Topf erhitzen. Die Zwiebelwürfel darin glasig dünsten, dann Zucchini und Kartoffeln hinzufügen und kurz mitdünsten. Das Lorbeerblatt dazugeben.

3 Fischfond und Wein in den Topf gießen; den Topfinhalt aufkochen und zugedeckt 10 Minuten köcheln lassen.

4 Währenddessen die Lachsfilets in mundgerechte Stücke schneiden und mit 1 EL Zitronensaft beträufeln.

5 Die Sahne mit dem Mehl glatt rühren. Die Sahnemischung in den Sud gießen und das Ganze einmal unter Rühren aufkochen lassen.

6 Die Lachsstücke in den gebundenen Sud geben und bei schwacher Hitze etwa 3 Minuten ziehen lassen. Anschließend die gefrorenen Pilze in die Suppe geben und alles noch 3 Minuten garen.

7 In der Zwischenzeit den Dill waschen und die Spitzen abzupfen. Den Fischtopf mit Salz, Pfeffer und dem restlichen Zitronensaft (2 EL) abschmecken. Auf tiefe Teller oder Schalen verteilen, mit Dill bestreuen und servieren.

Fischeintopf mit Seezunge

Zutaten

6 Portionen

500 g Seezungenfilet
3 EL Mehl
2 Zwiebeln
2 Knoblauchzehen
3 Tomaten
3 Stängel frischer Thymian
3 EL Olivenöl
250 g küchenfertige Garnelen
Cayennepfeffer
4 EL Weißwein
1 EL Zitronensaft
2 EL Tomatenmark aus der Dose
Salz, Pfeffer
1 Eigelb
3 EL Schlagsahne

Zubereitungszeit
40 Minuten

1 Den Fisch abspülen, trocken tupfen und in Stücke schneiden. Das Mehl auf einem Teller verteilen und die Fischstücke darin wenden.

2 In einem Topf Wasser zum Kochen bringen. Die Zwiebeln und die Knoblauchzehen abziehen und fein hacken.

3 Die Tomaten mit siedendem Wasser überbrühen, abziehen und in große Würfel schneiden. Die Thymianstängel waschen und trocken tupfen; die Blätter abzupfen.

4 In einer Kasserolle das Olivenöl erhitzen. Zwiebeln und Knoblauch hineingeben und bei schwacher Hitze 2–3 Minuten anbraten.

5 Die Garnelen und die Fischstücke zufügen und verrühren. Alles bei schwacher Hitze noch weitere 3 Minuten unter Rühren braten, bis die Zwiebeln weich sind. Thymian, Cayennepfeffer, Weißwein, Zitronensaft und Tomatenmark einrühren.

6 Den Eintopf aufkochen und etwa 15 Minuten bei schwacher Hitze köcheln lassen, bis der Fisch gar ist. Salzen und pfeffern.

7 Eigelb und Sahne verquirlen und zugeben. Die Kasserolle sofort von der Kochstelle nehmen. Den Eintopf in eine Schüssel füllen und servieren.

Meeresfrüchte-suppe

Zutaten

4 Portionen

1 kg frische Miesmuscheln
1 Knoblauchzehe, geschält
1 Stängel frische Petersilie
1 Schalotte, grob gehackt
1 kleiner Zweig frischer Thymian
150 ml trockener Weißwein
300 ml fettarme Milch
30 g Diät-Pflanzencreme
30 g Mehl, Type 405
500 ml Fischbrühe
1 kleine unbehandelte Zitrone
150 g frisches Krebsfleisch oder aus der Dose, abgetropft
200 g geschälte und gekochte Garnelen, aufgetaut (falls gefroren)
schwarzer Pfeffer
2–3 EL frischer Dill, fein gehackt
60 g Magerjoghurt

Zum Garnieren
frische Dillstängel und dünne Streifen der Schale einer unbehandelten Zitrone

Zubereitungszeit
30 Minuten

1 Die Muscheln gut abbürsten, Fäden entfernen und gründlich waschen. Geöffnete Muscheln, die sich beim Antippen nicht schließen, und Muscheln mit zerbrochenen Schalen aussortieren. Die anderen in einen großen Topf geben, Knoblauch, Petersilie, Schalotte, Thymian und Wein hinzugeben und den Deckel auflegen. 6–8 Minuten kochen, bis sich die Muscheln geöffnet haben, dabei den Topf mehrmals schütteln. Muscheln nicht zu lange kochen, da sie sonst hart werden.

2 Währenddessen ein grobes Sieb über eine Rührschüssel stellen und mit Küchenpapier auslegen.

3 Die Muscheln in das Sieb schütten und abkühlen lassen. Muschelfleisch aus den Schalen lösen und in einer kleinen Schüssel sammeln. Geschlossene Muscheln aussortieren. Den aufgefangenen Kochsud in einen Messbecher umfüllen und mit der Milch auf 600 ml auffüllen.

4 Die Pflanzencreme in einem großen Topf zerlassen, das Mehl anschwitzen. Nach und nach die Milch-Muschel-Flüssigkeit unterrühren. Fischbrühe zugeben und aufkochen, dabei ständig rühren. Hitze verringern und weitere 5 Minuten köcheln lassen.

5 Inzwischen feine Streifen von der Zitrone abschaben. Die Frucht auspressen. Die Hälfte der Zitronenschalen zum Garnieren beiseitestellen.

6 Das Krebsfleisch in kleine Stückchen zerteilen und zusammen mit Zitronensaft und Zitronenschale, Muscheln und Garnelen in die Suppe geben und 3–4 Minuten erhitzen. Die Suppe darf nicht kochen, da die Meeresfrüchte sonst hart werden. Mit Pfeffer abschmecken (da der Muschelsud schon viel Salz enthält, kann auf zusätzliches Salz verzichtet werden).

7 Dill und Joghurt in die Suppe rühren und auf Portionsteller verteilen. Mit Dillstängeln und der Zitronenschale garnieren.

Räucherforellen-suppe

Zutaten

4 Portionen

800 ml Fischfond oder Gemüsebrühe
200 g Räucherforellenfilets
200 g Schmand,
mehr zum Garnieren
2 Dillzweige
1 Bund Schnittlauch
Salz
frisch gemahlener weißer Pfeffer
1 EL Zitronensaft
4 TL Forellenkaviar

Zubereitungszeit
10 Minuten

1 In einem Topf den Fischfond oder die Gemüsebrühe zum Kochen bringen. Inzwischen die Räucherforellenfilets grob zerkleinern und mit 150 g Schmand in einem hohen Rührbecher pürieren.

2 Den Dill und den Schnittlauch waschen. Vom Dill die Spitzen abzupfen und den Schnittlauch mit einer Schere in Röllchen schneiden.

3 Den Räucherforellen-Schmand zur Brühe in den Topf geben und erhitzen, dabei mit einem Schneebesen rühren. Die Suppe mit Salz, Pfeffer und Zitronensaft abschmecken; den Schnittlauch untermischen.

4 Die Räucherforellensuppe in vorgewärmten Suppentellern oder -schalen anrichten. Auf jede Portion etwas Schmand setzen, darauf Forellenkaviar geben und mit Dillspitzen garnieren.

Tipp

Statt mit Schmand können Sie die Suppe mit Meerrettich-Frischkäse zubereiten. Dadurch erhält die Suppe nicht nur eine cremige Bindung, sondern auch noch einen feinen Meerrettichgeschmack.

Garnelensuppe mit Dill

Zutaten

4 Portionen

1 Tomate
1 Schalotte
1 EL Öl
1/4 TL gemahlenes Piment
1/4 TL gemahlener Koriander
400 ml Fischfond
500 ml Hühnerbrühe
1 Lorbeerblatt
3 Frühlingszwiebeln
1 Bund Dill
Salz
frisch gemahlener Pfeffer
Cayennepfeffer
2 EL Zitronensaft
250 g gegarte Garnelen

Zubereitungszeit
15 Minuten

1 Die Tomate mit kochend heißem Wasser übergießen. Kurz ziehen lassen, dann kalt abschrecken. Den grünen Stielansatz von der Tomate entfernen, die Frucht häuten und in kleine Würfel schneiden. Die Schalotte schälen und fein würfeln.

2 Das Öl in einem Topf erhitzen und die Schalottenwürfel darin glasig werden lassen. Piment und Koriander unterrühren. Fischfond und Hühnerbrühe dazugießen, das Lorbeerblatt hinzufügen.

3 Die Suppe zum Kochen bringen und 5 Minuten zugedeckt köcheln lassen. In der Zwischenzeit die Frühlingszwiebeln putzen, waschen und fein zerkleinern. Den Dill waschen und die Spitzen abzupfen.

4 Die Suppe mit Salz, Pfeffer, Cayennepfeffer und Zitronensaft abschmecken. Tomatenwürfel, Garnelen und Frühlingszwiebeln untermischen; alles 2 Minuten in der Suppe ziehen lassen. Die Suppe mit den Dillspitzen bestreuen; servieren.

Schnelle Bouillabaisse

Zutaten

4 Portionen

3 Schalotten
3 Knoblauchzehen
1 Fenchelknolle
1 kleine Stange Lauch
1 TL Fenchelsamen
4 EL Olivenöl
1 TL getrockneter Thymian
1 TL Tomatenmark
800 ml Fischfond
200 ml Gemüsebrühe
200 ml trockener Weißwein
1 Lorbeerblatt
2 Messerspitzen gemahlener Safran
750 g Fischfilets
(z. B. Rotbarbe, Seeteufel, Petersfisch, Wolfsbarsch)
abgeriebene Schale von
1 unbehandelten Zitrone
abgeriebene Schale von
½ unbehandelten Orange
1 EL Zitronensaft
2 Tomaten
Salz
frisch gemahlener Pfeffer
2 EL Anisschnaps (z. B. Pernod)

Zubereitungszeit
30 Minuten

1 Schalotten schälen und würfeln. Knoblauch schälen und fein hacken. Fenchelknolle putzen, waschen und halbieren. Die Fenchelhälften in feine Streifen hobeln oder schneiden. Den Lauch putzen, waschen und in feine Streifen schneiden. Die Fenchelsamen im Mörser zerstoßen.

2 Das Olivenöl in einem Topf erhitzen und die Schalottenwürfel darin glasig dünsten. Knoblauch, Fenchelsamen, Thymian, Fenchel, Lauch und Tomatenmark hinzufügen und kurz mitdünsten.

3 Fischfond, Gemüsebrühe und Weißwein in den Topf gießen. Lorbeerblatt und Safran dazugeben. Den Topfinhalt aufkochen und 10 Minuten zugedeckt köcheln lassen.

4 In der Zwischenzeit die Fischfilets mit Küchenpapier trocken tupfen und in etwa 4 cm große Stücke schneiden. Mit Zitronen- und Orangenschale bestreuen, mit Zitronensaft beträufeln. Die Tomaten waschen, von den grünen Stielansätzen befreien und in Würfel schneiden.

5 Die Suppe mit Salz, Pfeffer und Anisschnaps abschmecken. Fisch und Tomatenwürfel untermischen; in 6 Minuten gar ziehen lassen. Sofort servieren.

Katalanischer Fischtopf mit Meeresfrüchten

Zutaten

4 Portionen

2 große Gemüsezwiebeln
2 Knoblauchzehen
200 g küchenfertiger Tintenfisch (nur die Tuben)
500 g gemischte Fischfilets (z. B. Seeteufel, Dorade, Seehecht, Zackenbarsch)
4 EL Zitronensaft
5 EL Olivenöl
500 g passierte Tomaten
800 ml Fischfond
1 Lorbeerblatt
Salz
frisch gemahlener Pfeffer
75 ml trockener Sherry
4 EL Brandy
250 g geschälte rohe Riesengarnelen
25 g Mandelstifte
2 EL Semmelbrösel
2 Messerspitzen gemahlener Safran
Cayennepfeffer

Zubereitungszeit
30 Minuten

1 Die Zwiebeln schälen und in Würfel schneiden. Den Knoblauch schälen und fein hacken. Die Tintenfischtuben waschen, in Ringe schneiden und in eine Schüssel füllen.

2 Die Fischfilets in mundgerechte Stücke schneiden und in eine zweite Schüssel geben. Tintenfischringe und Fischstücke mit je 1 EL Zitronensaft beträufeln.

3 Das Öl in einem Topf erhitzen. Die Zwiebelwürfel darin glasig dünsten. Tintenfisch und Knoblauch dazugeben und 2 Minuten mitdünsten. Tomaten, Fischfond und Lorbeerblatt untermischen und alles aufkochen. Mit Salz und Pfeffer würzen. Sherry und Brandy unterrühren.

4 Die Fischstücke in die Suppe geben und bei schwacher Hitze in insgesamt 7 Minuten gar ziehen lassen. Nach 4 Minuten die Riesengarnelen hinzufügen und alles zusammen 3 Minuten garen.

5 In der Zwischenzeit die Mandelstifte in einer Pfanne rösten. Anschließend mit Semmelbröseln, Safran und 5 EL von der Suppe vermischen.

6 Die Mandelmischung in die Fischsuppe rühren. Alles mit dem restlichen Zitronensaft (2 EL) und mit Cayennepfeffer abschmecken. Nach Belieben mit Dill garnieren.

Gurkenkaltschale mit Garnelen

Zutaten

4 Portionen

1 ½ unbehandelte Gurken
(insgesamt etwa 600 g)
200 g geschälte gegarte Garnelen
1 Knoblauchzehe
Salz
4 Stängel Dill
4 Stängel Petersilie
250 g saure Sahne
300 g Buttermilch
frisch gemahlener Pfeffer
1 Kästchen Gartenkresse

Zubereitungszeit
25 Minuten

1 Gurken waschen und die Enden abschneiden. Ein Stück (etwa 10 cm) Gurke für die Garnitur beiseitelegen. Übrige Gurken längs halbieren, die Hälften entkernen und grob zerkleinern. Knoblauch schälen, halbieren, salzen und mit dem Messerrücken fein zerdrücken.

2 Kräuter waschen. Vom Dill die Spitzen und von der Petersilie die Blättchen abzupfen. Gurkenstücke mit saurer Sahne und Buttermilch fein pürieren. Petersilie, Dill und Knoblauch untermixen. Die Kaltschale mit Salz und Pfeffer abschmecken und für mindestens 1 Stunde zugedeckt kühl stellen.

3 Inzwischen die Kresse abschneiden und abbrausen. Abtropfen lassen. Garnelen abbrausen und trocken tupfen. Das beiseitegelegte Gurkenstück längs halbieren, entkernen und in Würfel schneiden.

4 Die kalte Gurkensuppe in vier Schalen oder Teller schöpfen. Garnelen und Gurkenwürfel darauf verteilen. Mit Gartenkresse garnieren und sofort servieren.

Tipp

Die Gurkenkaltschale kann gut einige Stunden oder über Nacht gekühlt werden.
Vor dem Servieren Gurkenwürfel und Garnelen hineingeben. Mit Kresse garnieren.

Samtige Muschelsuppe

Zutaten

4 Portionen

24 kleine Venusmuscheln (etwa 900 g), abgebürstet
4 Scheiben Putenspeck, in 1,5 cm dicke Scheiben geschnitten
1 große Zwiebel, gehackt
2 EL Mehl
450 g Kartoffeln, vorwiegend festkochend, in 1,5 cm große Würfel geschnitten
500 ml fettarme Milch, (1,5 %)
2 TL frische Thymianblätter
1 Lorbeerblatt
1 Chilipulver
4 EL gehackte glatte Petersilie

Zubereitungszeit
45 Minuten

1 Muscheln und 500 ml Wasser in einem großen Topf stark erhitzen. Hitze senken und Muscheln 5 Minuten bedeckt köcheln lassen. Wenn sie sich öffnen, die Muscheln mit einem Schaumlöffel in eine Schüssel geben. Sud abseihen. Wasser zugeben; es sollten insgesamt 375 ml Flüssigkeit sein. Beiseitestellen. Den Topf auswischen.

2 Den Topf dünn einfetten und auf ein mittelheißes Kochfeld stellen. Darin Speck und Zwiebel sautieren, bis die Zwiebel goldgelb ist. Mehl einstreuen und unter ständigem Rühren 1 Minute anschwitzen, dabei nicht bräunen.

3 Kartoffeln, Milch, Muschelsud, Thymian, Lorbeerblatt und Chilipulver hineingeben. Zum Köcheln bringen und 10 Minuten unter gelegentlichem Rühren kochen, bis die Kartoffeln gar sind.

4 Inzwischen die Muscheln aus den Schalen lösen. Falls nötig, in mundgerechte Stücke schneiden. In die Suppe geben. Unter Rühren 2 Minuten erhitzen. Lorbeerblatt herausnehmen. Suppe in Schüsseln geben (jeweils 500 ml). Petersilie aufstreuen.

Tipp

Wenn Sie Muscheln aus der Dose nehmen, etwa 650 g Muscheln verwenden; abspülen und abtropfen lassen. 375 ml Brühe durch Muschelsud ersetzen. Mit Schritt 2 fortfahren.

Gedünstet, gedämpft & pochiert

Garnelen-Brokkoli-Pfanne mit Brunnenkresse

Zutaten

2 Portionen

150 g Brokkoli
1 Stange Lauch
1 Tomate
1 Möhre
2 cm frischer Ingwer (20 g)
1 Knoblauchzehe
80 g Brunnenkresse
2 EL Soja- oder Erdnussöl
1 EL dunkle Sojasauce
125 ml Gemüsebrühe
1 EL Mais- oder Reismehl
125 g geschälte gegarte Garnelen

Zubereitungszeit
30 Minuten

1 Den Brokkoli putzen, waschen und in Röschen zerteilen. Den Lauch putzen, waschen und in Streifen schneiden. Die Tomate waschen, halbieren und klein würfeln.

2 Die Möhre schälen, halbieren und in Scheiben schneiden. Den Ingwer schälen und in feine Stifte schneiden. Den Knoblauch schälen und zerdrücken. Die Brunnenkresse waschen, die Blätter von den Stielen zupfen und beiseitestellen.

3 Das Öl in einer großen Pfanne oder im Wok erhitzen. Den Knoblauch kurz darin anbraten. Brokkoli hinzufügen und 2 Minuten mitbraten. Den Lauch dazugeben und alles 2 Minuten lang pfannenrühren.

4 Sojasauce, Gemüsebrühe und Tomatenwürfel unter das Gemüse mischen. Mehl mit 2 EL Wasser verquirlen; unter das Gemüse rühren und aufkochen lassen, damit die Sauce bindet.

5 Garnelen waschen, trocken tupfen und zum Gemüse geben. Möhren und Ingwer hinzufügen, alles mischen und bei starker Hitze etwa 2 Minuten garen. Brunnenkresse unter die Garnelen-Gemüse-Pfanne heben; sofort servieren.

Reispfanne mit Fisch und Garnelen

Zutaten

4 Portionen

4 EL Olivenöl
1 große rote Zwiebel, fein gewürfelt
2 Knoblauchzehen, fein gehackt
½ Staude Sellerie,
die Stangen fein gewürfelt,
Selleriegrün gehackt und beiseitegestellt
1 rote Paprikaschote, fein gewürfelt
½ TL Chilipulver (nach Geschmack)
1 TL gemahlener Kreuzkümmel
250 g Langkornreis
2 Dosen (je 400 g) Tomatenstücke im Saft
1 EL gehackte Thymianblättchen oder
1 TL getrockneter Thymian
Salz und Pfeffer
300 g fest- und weißfleischiges Fischfilet
ohne Haut, in vier Stücke geschnitten
8 rohe Garnelen, geschält, entdarmt
2 EL gehackte glatte Petersilienblätter
1 Zitrone, in vier Spalten geschnitten

Zubereitungszeit
45 Minuten

1 Das Öl in einer großen Schmorpfanne auf mittlerer Stufe erhitzen. Zwiebel, Knoblauch, Sellerie und Paprikaschote mit Chilipulver und Kreuzkümmel in 10–12 Minuten weich dünsten, dabei häufig rühren. Den Reis zufügen und unter Rühren in 2 Minuten glasig werden lassen.

2 Inzwischen die Tomaten in einem Sieb über einer hitzefesten Schüssel mit Mess-Skala abtropfen lassen. Tomatenstücke zum Reis geben, mit Thymian bestreuen und alles gut vermischen. Im Wasserkocher 1 l Wasser aufkochen.

3 Den abgetropften Tomatensaft mit dem kochend heißen Wasser auf 1 l aufgießen. In die Pfanne zum Reis gießen und gut umrühren. Aufkochen, anschließend bei schräg aufgelegtem Deckel 10 Minuten köcheln lassen. Mit Salz und Pfeffer abschmecken.

4 Die Fischstücke auf den Reis legen, den Deckel erneut schräg auflegen und 5 Minuten weitergaren. Fischstücke wenden, den Reis behutsam durchmischen und die Garnelen zugeben. Bei schräg aufgelegtem Deckel etwa 5 Minuten weitergaren, bis Fisch und Reis gar sind und das Garnelenfleisch nicht mehr glasig ist.

5 Die Reispfanne von der Kochstelle nehmen und zugedeckt 5 Minuten ruhen lassen. Mit Sellerieblättern und Petersilie bestreuen, mit Zitronenspalten garnieren und servieren.

Kabeljau und Paprika auf baskische Art

Zutaten

4 Portionen

2 EL Olivenöl
1 Zwiebel, halbiert und in dünne Halbringe geschnitten
2 große rote Paprikaschoten, in kurze dünne Streifen geschnitten
2 große grüne Paprikaschoten, in kurze dünne Streifen geschnitten
2 Zweige Oregano
3 Knoblauchzehen, zerdrückt
400 g vollreife große Tomaten, gewürfelt
50 g entsteinte schwarze Oliven, halbiert
1 TL Zucker
1 gute Prise Cayennepfeffer
1 EL Weinessig
400 g dickes Kabeljaufilet ohne Haut
30 g Petersilie, gehackt

Zubereitungszeit
30 Minuten

1 Das Olivenöl in einer großen Pfanne mit hohem Rand heiß werden lassen. Zwiebel und Paprika darin mit Oregano und Knoblauch unter gelegentlichem Rühren in etwa 5 Minuten etwas weich werden lassen.

2 Tomaten und Oliven mit Zucker, Cayennepfeffer und Essig zugeben. Das Ganze bei mittlerer bis starker Hitze unter häufigem Rühren garen, bis die Tomatenwürfel weich sind; abschmecken.

3 Das Fischfilet in 4 gleich große Stücke schneiden. In die Pfanne geben und leicht in das Gemüse drücken. Die Pfanne mit Alufolie verschließen (dabei die Folie in der Pfanne am Rand festdrücken) und den Fisch bei schwacher Hitze etwa 5 Minuten mitgaren. Der Fisch soll fest, saftig und nicht mehr glasig sein und sich leicht zerpflücken lassen. Das Gericht mit Petersilie bestreuen und in tiefen Tellern servieren. Dazu passt körnig gekochter Reis oder Kartoffelpüree.

Spaghetti Vongole

Zutaten

4 Portionen

1 kg Venusmuscheln (ersatzweise Miesmuscheln)
2 Knoblauchzehen
1 getrocknete Chilischote
Salz
400 g Spaghetti
½ Bund Petersilie
7 EL Olivenöl
200 ml trockener Weißwein
frisch gemahlener Pfeffer

Zubereitungszeit
30 Minuten

1 Die Muscheln unter fließendem Wasser gründlich waschen und abbürsten, dabei geöffnete oder beschädigte Exemplare wegwerfen.

2 Die Knoblauchzehen schälen, halbieren und in dünne Scheiben schneiden. Die Chilischote grob hacken; die Kerne je nach gewünschter Schärfe entfernen.

3 In einem Topf Wasser mit Salz zum Kochen bringen. Die Spaghetti darin sehr bissfest kochen (etwa 1 knappe Minute weniger, als auf der Packung angegeben). Die Petersilie waschen und die Blättchen hacken.

4 Inzwischen in einem großen Topf 4 EL Olivenöl erhitzen. Knoblauch und Chili darin kurz dünsten. Muscheln und Wein hinzufügen. Alles aufkochen lassen und die Muscheln zugedeckt bei starker Hitze 3–5 Minuten garen, bis sie sich geöffnet haben. Dabei den Topf gelegentlich hin und her rütteln. Noch geschlossene Muscheln unbedingt wegwerfen.

5 Die Spaghetti abgießen und abtropfen lassen. Mit 2 EL Olivenöl zu den Muscheln geben und untermischen. Das Ganze zugedeckt bei mittlerer Hitze 1–2 Minuten unter gelegentlichem Rühren garen, bis die Nudeln bissfest sind.

6 Die Petersilie unter die Nudel-Muschel-Mischung heben. Die Spaghetti Vongole mit Salz und Pfeffer abschmecken und auf vorgewärmten Tellern anrichten. Mit dem restlichen Olivenöl (1 EL) beträufeln. Sofort servieren.

Seezungenröllchen mit Couscous

Zutaten

4 Portionen

100 g TK-Erbsen
400 g Couscous
6 Frühlingszwiebeln
12 dünne grüne Spargelstangen
2 kleine Zucchini
2,5 cm Ingwer (etwa 15 g)
1 unbehandelte Zitrone
4 dicke Seezungenfilets, ohne Haut
100 g geschälte gegarte Garnelen
1 EL Butter
Salz
frisch gemahlener Pfeffer
500 ml Geflügelfond (Glas)
3 Zweige Thymian
1 Zitrone
Außerdem: Zahnstocher

Zubereitungszeit
30 Minuten

1 Erbsen antauen lassen. Frühlingszwiebeln waschen, putzen und in dünne Ringe schneiden. Spargel waschen und von harten Enden befreien. Zucchini putzen, waschen, längs halbieren und in halbe Scheiben schneiden. Ingwer schälen und reiben.

2 Zitrone waschen und abtrocknen; einen Streifen Schale abschneiden und 2 EL Saft auspressen. Fisch und Garnelen trocken tupfen.

3 Die Butter in einem Topf erhitzen. Frühlingszwiebeln darin 2–3 Minuten dünsten, dann Ingwer und 1 EL Zitronensaft untermischen. Die Fischfilets mit den Hautseiten nach oben auf eine Arbeitsfläche legen; salzen und pfeffern. Die Frühlingszwiebeln auf dem Fisch verteilen und leicht andrücken.

4 Den Fond im Topf erhitzen. Zucchini, Zitronenschale und Thymian hineingeben. Aufkochen lassen. Den Spargel in einem Dämpfeinsatz über dem köchelnden Fond zugedeckt 5 Minuten dämpfen. Den Einsatz aus dem Topf nehmen. Den Topfinhalt zugedeckt warm halten.

5 Die Garnelen auf die Fischfilets verteilen. Je 3 Spargelstangen darauflegen. Die Filets aufrollen und mit Zahnstochern zustecken. Röllchen aufrecht in den Dämpfeinsatz setzen.

6 Den Fond erneut aufkochen lassen. Couscous und Erbsen unterrühren. Den Dämpfeinsatz auf den Topf setzen und die Röllchen bei schwacher Hitze zugedeckt 3 Minuten dämpfen. Den Topf vom Herd nehmen.

7 Zitronenschale und Thymian aus dem Couscous nehmen. Couscous mit dem restlichen Zitronensaft (1 EL) beträufeln. Auf Teller verteilen. Die Seezungenröllchen darauf anrichten.

Gedämpfter Fisch mit Sojasprossen und Ingwer

Zutaten

4 Portionen

1 ganzer großer Fisch (ca. 1 kg), z. B. Makrele, Kabeljau, Forelle oder Dorade
45 g Sojasprossen
4 Frühlingszwiebeln, in Juliennestreifen
6 cm frischer Ingwer, geschält und in Juliennestreifen
Saft von einer Zitrone
frisch gemahlener schwarzer Pfeffer
80 ml Sojasauce
1 EL Sesamöl

Zubereitungszeit
30 Minuten

1 Den Fisch abspülen und mit Küchenpapier trocken tupfen. Dann mit einem scharfen Messer von jeder Seite drei- bis viermal schräg bis auf die Gräten einkerben.

2 Einen Wok, großen Topf oder Dampfkochtopf zur Hälfte oder bis zur Markierung mit Wasser füllen. Das Wasser aufkochen. Dann die Hitze reduzieren, bis das Wasser nur noch leicht köchelt. Inzwischen den Boden eines großen Dämpfeinsatzes aus Bambus oder Edelstahl mit Backpapier auslegen; an ein paar Stellen einschneiden, damit aufsteigender Dampf entweichen kann.

3 Den Fisch in den Dämpfeinsatz legen. Sojasprossen, Frühlingszwiebel- und Ingwerstreifen darauf verteilen, mit Zitronensaft beträufeln und mit Pfeffer würzen.

4 Den Dämpfeinsatz behutsam über das kochende Wasser stellen – der Boden darf nicht mit Wasser in Berührung kommen. Wok oder Topf bedecken und den Fisch ca. 20 Minuten dämpfen, bis er gar ist.

5 Unterdessen Sojasauce und Sesamöl mit einer Gabel in einer kleinen Schale verquirlen. Den fertigen Fisch auf eine vorgewärmte Servierplatte legen, mit der Sojamischung beträufeln und servieren.

Pochierter Fisch in asiatischer Brühe

Zutaten

4 Portionen

500 g Filet von Kabeljau, Schellfisch oder Scholle
100 g Brokkoli, in kleine Röschen zerteilt
4 Frühlingszwiebeln, in feine Scheiben geschnitten
50 g Chinakohl, in Streifen geschnitten
100 g Möhren, grob geraspelt
½ TL Sesamöl

Für die Brühe
300 ml Geflügelbrühe
2 EL Reiswein oder trockener Sherry
2 EL Sojasauce
1 TL feine Ingwerscheiben
2 Knoblauchzehen, zerdrückt
2 Zitronenscheiben

Zubereitungszeit
15 Minuten

1 Für die Suppe Geflügelbrühe, Reiswein oder Sherry, Sojasauce, Ingwer, Knoblauch und Zitronenscheiben in einen Wok oder einen großen beschichteten Topf geben und aufkochen.

2 Messen Sie die Dicke der Fischfilets an ihrer stärksten Stelle. Den Fisch in die Brühe geben, sodass der Fisch vollständig mit der Flüssigkeit bedeckt ist. Den Fisch pro Zentimeter Dicke je 4 Minuten ziehen, jedoch nicht kochen lassen, oder bis das Fleisch sich leicht zerteilen lässt.

3 Das Filet vorsichtig aus der Brühe heben, die Häute entfernen und zerkleinern. Die Fischstücke auf vier vorgewärmte tiefe Teller verteilen, bedecken und warm stellen.

4 Die Brühe aufkochen und Brokkoli, Frühlingszwiebeln, Chinakohl und Möhren nacheinander in 30-Sekunden-Abständen zugeben. Insgesamt 2–3 Minuten köcheln lassen; das Gemüse soll weich, aber noch knackig sein. Das Gemüse mit einem Schaumlöffel herausheben und auf die Teller mit dem Fisch verteilen.

5 Die Brühe 30 Sekunden kochen lassen. Die Zitronenscheiben herausnehmen und das Sesamöl einrühren. Die Brühe über Fisch und Gemüse gießen und servieren.

Schmortopf mit Mittelmeerfischen

Zutaten

4 Portionen

2 TL Olivenöl
1 EL trockener Weißwein oder Fischbrühe
2 Stangen Sellerie, in feine Scheiben geschnitten
1 Knoblauchzehe, in feine Scheiben geschnitten
150 g rote Zwiebeln, in feine Ringe geschnitten
600 g Strauchtomaten
1 unbehandelte Zitrone, in dünne Scheiben geschnitten
1 EL Tomatenmark
1 TL Zucker (nach Belieben, kann auch entfallen)
4 Fischsteaks von Schwertfisch oder Thunfisch, je 125 g
3 Stängel Rosmarin
1 EL Oregano, gehackt, oder 3 EL getrockneter Oregano
Salz und schwarzer Pfeffer

Zum Garnieren
Rosmarinstängel und gehackter Oregano

Zubereitungszeit
20 Minuten

1 Öl und Wein oder Brühe in einer feuerfesten Kasserolle erhitzen, Sellerie, Knoblauch und Zwiebeln zugeben und 5–6 Minuten unter häufigem Rühren braten, bis das Gemüse weich ist.

2 Tomaten in große Stücke schneiden (nach Belieben vorher enthäuten) und Tomatenstücke, Zitrone, Tomatenmark und Zucker (wenn die Tomaten sehr sauer sind) in die Kasserolle geben. Aufkochen und unter gelegentlichem Rühren 2–3 Minuten garen, bis die Tomaten weich werden.

3 Den Fisch auf das Gemüse legen; mit Rosmarin spicken, mit Oregano bestreuen und mit Salz und Pfeffer würzen.

4 Deckel auf die Kasserolle aufsetzen und etwa 10–15 Minuten garen, bis die Fischsteaks gerade gar werden. Zwischendurch den Fisch mehrmals mit etwas Kochflüssigkeit begießen. Mit gehacktem Oregano und einem Rosmarinzweig garnieren und servieren.

Tipp

Sie können das Olivenöl auch weglassen, aber schon ein kleiner Tropfen unterstreicht das mediterrane Aroma des Gerichts. Serviervorschlag: Dazu passt Reis oder Ciabatta und ein grüner Salat.

Meeresfrüchtetopf mit Safran und Gemüse

Zutaten

4 Portionen

1 EL Olivenöl
150 g Möhren, in dicke Scheiben geschnitten
2 Stangen Sellerie, geschnitten
150 g Zwiebeln, in Scheiben geschnitten
1 Knoblauchzehe, zerdrückt
350 g neue Kartoffeln, größere Kartoffeln halbiert
300 ml Gemüse- oder Fischbrühe
10–12 Safranfäden
500 g Kabeljau, Schellfisch oder Lachs
150 g grüne Bohnen, halbiert
⅛ l trockener Weißwein
1 EL Stärkemehl
1 EL fettarme Milch
125 g Garnelen (Tiefkühlware aufgetaut), gekocht und geschält
Salz und schwarzer Pfeffer
2 EL Kräuter, gehackt, z. B. Schnittlauch, Petersilie, Estragon oder Thymian

Zubereitungszeit
15 Minuten

1 Das Öl in einer großen, feuerfesten Kasserolle erhitzen. Möhren, Sellerie und Zwiebeln zugeben, den Deckel schließen und das Gemüse bei kleiner Hitze 5 Minuten dünsten.

2 Den Knoblauch und die Kartoffeln zugeben und im offenen Topf 5 Minuten anbraten, dabei gelegentlich umrühren.

3 Die Brühe zugießen und den Safran einrühren. Den Deckel wieder schließen und 10 Minuten köcheln lassen, damit das Gemüse weich wird.

4 Inzwischen den Fisch häuten, die Gräten entfernen und die Filets in 4 cm große Würfel schneiden. Mit den Bohnen und dem Wein in die Kasserolle geben und zugedeckt 7 Minuten köcheln lassen.

5 Stärkemehl mit der Milch verrühren, vorsichtig in die Kasserolle rühren. Gleichzeitig die Garnelen zugeben. Die Sauce einmal aufkochen, damit sie bindet. Dabei darf der Fisch nicht zerfallen, aber die Garnelen müssen gut erhitzt werden. Salzen und pfeffern, die Kräuter einrühren und servieren.

Karpfengulasch

Zutaten

4 Portionen

300 g Zwiebeln, in Halbringe geschnitten
2 EL Öl
1 rote Paprikaschote,
in Streifen geschnitten
1 EL Tomatenmark
2 Knoblauchzehen, fein gehackt
1–2 EL edelsüßes Paprikapulver
1 Messerspitze Cayennepfeffer
400 ml Gemüsebrühe
schwarzer Pfeffer
Salz
½ TL getrockneter Majoran
600 g Karpfenfilet
2 EL saure Sahne
1 EL Mehl
gehackte Petersilie zum Garnieren
800 g Kartoffeln, gegart

Zubereitungszeit
120 Minuten

1 Das Öl in einem großen Topf bei mittlerer Hitze heiß werden lassen. Zwiebeln hineingeben und etwas Farbe annehmen lassen. Paprikastreifen, Tomatenmark, Salz und Knoblauch unterrühren. Paprikapulver und Cayennepfeffer zufügen und kurz mit anschwitzen, dann Gemüsebrühe, Pfeffer und Majoran zugeben. Das Ganze zugedeckt 30 Minuten köcheln lassen.

2 Inzwischen die Karpfenfilets in knapp 3 cm große Stücke schneiden. Die saure Sahne glatt mit dem Mehl verrühren. Die Fischwürfel unter das Zwiebel-Paprika-Gemüse heben und 10 Minuten darin gar ziehen lassen.

3 Die Sahne-Mehl-Mischung unter das Gulasch rühren. Alles so lange köcheln lassen, bis die Sauce andickt. Mit Petersilie bestreuen, mit Salzkartoffeln und Salat servieren.

Tipp

In 100 g Karpfen sind nur knapp 5 % Fett. Das ist deutlich weniger als bei Lachs oder Hering. Diese enthalten 13–15 % Fett. Genau wie das Fett der Seefische besteht das des Karpfens u. a. aus herzschützenden Omega-3-Fettsäuren.

Hamburger Aal

Zutaten

4 Portionen

1 Aal, küchenfertig (ca. 1 kg)
2 Zwiebeln
1 l Brühe
300 ml trockener Weißwein
1 Kräuterbund (Bouquet garni)
2 Gewürznelken
8 Pfefferkörner
300 g frische Champignons
115 g Butter
300 ml Wasser
100 g Mehl
2 Eier
1 Bund Petersilie

Zubereitungszeit
45 Minuten

1 Den Aal in etwa 7 cm lange Stücke schneiden. Die Zwiebeln abziehen und vierteln. Die Brühe und den Weißwein in einen Topf geben. Zwiebeln, Kräuter, Nelken, Pfeffer und Aalstücke zufügen. Aufkochen und bei kleiner Hitze gar kochen.

2 Inzwischen die Champignons putzen. 1 1/2 EL Butter erhitzen, Pilze zugeben und 10 Minuten bei schwacher Hitze schmoren.

3 Für die Schwemmklößchen das Wasser mit 60 g Butter aufkochen lassen, 75 g Mehl mit einem Kochlöffel unterrühren und bei großer Hitze weiterkochen, bis sich die Masse vom Löffel löst. Die Eier zugeben und alles nochmals durchrühren. Mit zwei Löffeln Klößchen abstechen.

4 Die Aalstücke aus der Brühe nehmen und das Fett abschöpfen. Je 25 g Mehl und Butter verkneten und die Brühe zu einer Sauce binden. Die Petersilie fein hacken. Die Aalstücke auf einer Platte anrichten. Mit den Champignons und den Klößchen verzieren. Die Sauce darübergießen. Mit der Petersilie bestreuen.

Kabeljautopf mit Süßkartoffeln und Gemüse

Zutaten

4 Portionen

2 Zwiebeln
3 Knoblauchzehen
1 große rote Paprikaschote
500 g Süßkartoffeln
2 EL Olivenöl
Salz
½ TL getrockneter Thymian
100 g Maiskörner (Dose)
200 g TK-Erbsen
600 g Kabeljaufilet, ohne Haut

Zubereitungszeit
25 Minuten

1 Zwiebeln und Knoblauch schälen. Zwiebeln würfeln, Knoblauch in dünne Scheiben schneiden. Paprikaschote putzen, waschen und in Streifen schneiden. Süßkartoffeln waschen, schälen und in etwa 1 cm große Würfel schneiden.

2 Das Öl in einer großen Pfanne erhitzen. Zwiebel mit Knoblauch darin glasig dünsten. Paprika und Süßkartoffeln hinzufügen und alles zugedeckt 5 Minuten garen. Anschließend Salz und Thymian sowie 350 ml Wasser dazugeben. Alles verrühren, dann aufkochen lassen.

3 Gemüse und Süßkartoffeln bei schwacher Hitze zugedeckt 5 Minuten köcheln lassen, bis die Süßkartoffelwürfel fast gar sind. Den Mais abtropfen lassen und mit den Erbsen in die Pfanne geben.

4 Das Fischfilet abspülen, trocken tupfen und in mundgerechte Stücke schneiden. Auf das Gemüse legen und zugedeckt in 5–7 Minuten garen.

Bandnudeln mit Lachs in Weinsauce

Zutaten

4 Portionen

500 g Lachsfilet (ohne Haut)
2 EL Zitronensaft
½ TL gemahlener Koriander
Salz
frisch gemahlener Pfeffer
300 g Lauch
400 ml Fischfond
100 ml trockener Weißwein
(z. B. Riesling)
1 TL Speisestärke
150 g Kräuterfrischkäse
(Doppelrahmstufe)
400 g grüne Bandnudeln
3 Stängel Petersilie
1 Eigelb

Zubereitungszeit
25 Minuten

1 Das Lachsfilet in mundgerechte Stücke schneiden. Die Stücke mit Zitronensaft, Koriander, Salz und Pfeffer würzen.

2 Den Lauch putzen, waschen und in Ringe schneiden. Den Fischfond in einem großen Topf aufkochen lassen. Die Lauchstreifen hineingeben und 3 Minuten zugedeckt köcheln lassen.

3 Den Wein mit der Speisestärke verrühren. Die Wein-Stärke-Mischung in den Fond gießen und einmal unter Rühren aufkochen lassen. Den Kräuterfrischkäse unterrühren.

4 Inzwischen in einem Topf Wasser mit Salz zum Kochen bringen und die Bandnudeln darin nach Packungsangabe bissfest garen.

5 Währenddessen die Lachsstücke mitsamt Marinade in die Weinsauce geben und bei schwacher Hitze zugedeckt in 5 Minuten gar ziehen lassen.

6 Die Petersilie waschen und die Blättchen fein hacken. Das Eigelb und die Petersilie vorsichtig in die Sauce rühren. Die Sauce darf nun nicht mehr kochen.

7 Die Nudeln abgießen und kurz abtropfen lassen. Zur Lachssauce in den Topf geben und alles mischen. Das Gericht kurz im Topf durchziehen lassen, dann servieren.

Fisch-Garnelen-Curry mit Kokos

Zutaten

4 Portionen

6 Frühlingszwiebeln
1 rote Chilischote
2 Selleriestangen
1 rote Paprikaschote
1 EL Sonnenblumenöl
1 Knoblauchzehe
½ TL Fenchelsamen
2 TL gemahlener Koriander
½ TL gemahlener Kreuzkümmel
¼ TL gemahlene Kurkuma
½ Dose gehackte Tomaten (200 g)
150 ml Kokosmilch
300 ml Fischfond
2 EL Fischsauce oder Sojasauce
1 Dose Bambussprossen in Scheiben (Abtropfgewicht etwa 220 g)
650 g festfleischiges Fischfilet (z. B. Kabeljau, Seehecht oder Rotbarsch)
16 geschälte rohe Riesengarnelen
Saft von ½ Limette
frisch gemahlener Pfeffer
1 EL gehacktes Koriandergrün

Zubereitungszeit
30 Minuten

1 Frühlingszwiebeln putzen, waschen und in feine Ringe schneiden; ein paar für die Garnitur beiseitelegen. Chili längs aufschneiden, entkernen, waschen und quer in Streifen schneiden. Sellerie und Paprika putzen, waschen und in dünne Scheiben bzw. Streifen schneiden.

2 Das Öl in einer großen Pfanne erhitzen. Frühlingszwiebeln, Chili, Sellerie und Paprika darin unter Rühren 5 Minuten dünsten. Knoblauch schälen und fein hacken. Mit den Gewürzen hinzufügen und alles noch 1 Minute dünsten.

3 Tomaten, Kokosmilch, Fischfond und Fisch- oder Sojasauce dazugeben. Alles aufkochen und zugedeckt bei mittlerer Hitze 5 Minuten köcheln lassen.

4 Bambussprossen abgießen und abtropfen lassen. Fisch in mundgerechte Stücke schneiden. Beides mit Garnelen unter das Kokosgemüse heben. Zugedeckt 5–7 Minuten köcheln lassen, bis die Fischstücke gar und die Garnelen rosa sind.

5 Das Gericht mit Limettensaft und Pfeffer würzen. Mit den übrigen Zwiebelringen und dem Koriandergrün bestreuen; sofort servieren.

Pasta mit Jakobsmuscheln

Zutaten

4 Portionen

2 Schalotten
1 EL Olivenöl
100 ml Fischfond
50 ml trockener Weißwein
150 g Sahne
Salz
400 g schmale Bandnudeln oder Spaghettini
2 Zweige Estragon
16 ausgelöste Jakobsmuscheln (etwa 320 g)
2 EL Butter
frisch gemahlener Pfeffer
2 TL Zitronensenf
1 EL Zitronensaft

Zubereitungszeit
25 Minuten

1 Die Schalotten schälen und fein würfeln. Das Olivenöl in einem Topf erhitzen. Die Schalotten darin glasig dünsten. Mit Fischfond und Weißwein ablöschen. Etwa 2 Minuten einköcheln lassen, die Sahne dazugießen und alles 2 Minuten offen weiterköcheln lassen.

2 Inzwischen in einem Topf Wasser mit Salz zum Kochen bringen und die Nudeln darin nach Packungsangabe bissfest garen. Den Estragon waschen und die Blättchen fein zerkleinern.

3 Die Jakobsmuscheln waschen und trocken tupfen. 1 EL Butter in einer Pfanne erhitzen und die Muscheln darin 1 Minute leicht anbraten, zwischendurch wenden, salzen und pfeffern.

4 Den Estragon und den Senf unter die Sahnesauce rühren. Die Sauce mit Salz, Pfeffer und Zitronensaft abschmecken. Die Jakobsmuscheln in die Sauce geben und darin zugedeckt bei schwacher Hitze in etwa 4 Minuten gar ziehen lassen.

5 Die Nudeln abgießen und kurz abtropfen lassen. Die restliche Butter (1 EL) in dem Topf zerlassen. Die Spaghettini wieder in den Topf geben und in der Butter wenden. Auf Teller verteilen, die Sauce mit den Jakobsmuscheln darauf anrichten und die Pasta sofort servieren.

Räucherfisch mit cremiger Petersiliensauce

Zutaten

4 Portionen

600 g geräuchertes Fischfilet (z. B. Makrele oder Bückling)
1 l Milch
1 Zwiebel
6 schwarze Pfefferkörner
1 Lorbeerblatt
50 g Butter
50 g Mehl
3 EL gehackte Petersilie
1 TL Zitronensaft
Salz
frisch gemahlener schwarzer Pfeffer

Zubereitungszeit
20 Minuten

1 Die Fischfilets nebeneinander in einen weiten Topf legen und mit 400 ml Milch begießen. So viel Wasser hinzufügen, dass der Fisch knapp mit Flüssigkeit bedeckt ist. Die Flüssigkeit zum Köcheln bringen und den Fisch darin zugedeckt 15 Minuten pochieren. Danach sollte er sich leicht mit einer Gabel zerpflücken lassen. Mit einem Schaumlöffel herausheben und auf einen Teller geben.

2 Inzwischen die Zwiebel schälen und sehr fein würfeln. Die restliche Milch (600 ml) mit Zwiebel, Pfefferkörnern und Lorbeer in einem kleinen Topf aufkochen lassen. Vom Herd nehmen und zugedeckt 5 Minuten ziehen lassen. Die Milch durch ein Sieb in einen Messbecher gießen.

3 Die Butter in einem kleinen Topf zerlassen. Das Mehl hineinstreuen und 1 Minute unter Rühren anschwitzen. Vom Herd nehmen und unter ständigem Rühren die Milch hinzufügen, bis eine glatte Sauce entstanden ist. Die Sauce unter Rühren aufkochen und 4–5 Minuten köcheln lassen, bis sie angedickt ist.

4 Petersilie, Zitronensaft, Salz und Pfeffer untermischen. Die pochierten Räucherfischfilets mit der Petersiliensauce servieren.

Gebraten &frittiert

Rotbarbe auf Pistazien-Safran-Risotto

Zutaten

2 Portionen

4–5 Safranfäden
450 ml Gemüsebrühe
½ Zwiebel
1 Knoblauchzehe
1 TL Fenchelsamen
2 EL Olivenöl
120 g Risottoreis (z. B. Arborio)
75 ml Weißwein
1 Streifen unbehandelte Orangenschale
30 g Pistazienkerne
Salz
Chiliflocken oder Chilipulver
4 Rotbarbenfilets mit Haut (je 50 g)
Chilisalz

Zubereitungszeit
30 Minuten

1 Safranfäden in 2 EL Brühe einweichen. Die Zwiebelhälfte schälen und fein würfeln. Den Knoblauch schälen und in Scheiben schneiden. Fenchelsamen im Mörser zerstoßen. In einem weiten Topf 1 EL Olivenöl bei schwacher Hitze heiß werden lassen und die Zwiebelwürfel darin glasig dünsten. Den Reis hinzufügen und kurz mitdünsten. Mit dem Wein ablöschen; etwas köcheln lassen.

2 Unter gelegentlichem Rühren portionsweise etwas heiße Brühe dazugießen und einkochen lassen, bis der Reis nach 15–20 Minuten weich ist, aber noch etwas Biss hat. Nach 10 Minuten Garzeit Fenchelsamen, Knoblauch, Orangenschale und den Safran mit Brühe unter den Risotto rühren.

3 Kurz vor dem Servieren die Pistazien untermischen. Die Orangenschale entfernen und den Risotto mit Salz und einer Prise Chili würzen.

4 Etwa 5 Minuten, bevor der Risotto gar ist, die Fischfilets trocken tupfen. Das restliche Öl (1 EL) in einer Pfanne erhitzen. Die Rotbarben darin auf der Hautseite etwa 2 Minuten braten; wenden. Pfanne vom Herd nehmen und die Filets in der Resthitze 2 Minuten ziehen lassen. Herausnehmen, auf Küchenpapier abtropfen lassen; mit Chilisalz würzen. Risotto auf Teller verteilen und auf jede Portion 2 Fischfilets setzen; servieren.

Gebratener Lachs mit einer Sauce aus Tomaten-Zucchini und Oliven

Zutaten

4 Portionen

1 EL Olivenöl extra vergine
4 enthäutete Lachsfilets (je etwa 150 g), entgrätet
1 Dose (400 g) ungewürzte stückige Tomaten im Saft
300 Zucchini, grob gewürfelt
2 EL gehackte Basilikumblätter
2 EL gehackte entsteinte grüne Oliven
1 Knoblauchzehe, fein gehackt oder zerdrückt
Salz und schwarzer Pfeffer aus der Mühle

Zubereitungszeit
30 Minuten

1 Eine große beschichtete Pfanne kräftig erhitzen und das Öl durch Schwenken gleichmäßig darin verteilen. Die Lachsfilets im heißen Öl insgesamt 4 Minuten braten, dabei nach der Hälfte der Garzeit mit einem Fischheber wenden. Aus der Pfanne nehmen und auf einer Platte beiseitestellen.

2 Die Dosentomaten samt ihrem Saft mit Zucchini, Basilikum, Oliven, Knoblauch und 1 Prise Pfeffer in die Pfanne geben. Zum Kochen bringen, anschließend auf mittlerer Stufe unter häufigem Rühren in etwa 3 Minuten sämig einkochen lassen. Mit Salz abschmecken.

3 Lachsfilets zurück in die Pfanne geben, mit der Gemüse-Sauce beschöpfen und ohne Deckel garen, bis das Fischfleisch an der dicksten Stelle nicht mehr glasig ist. Rechnen Sie je nach Dicke der Filets mit etwa 5 Minuten.

Tipp

Falls Sie statt Dosenware frische Tomaten bevorzugen, nehmen Sie für dieses Rezept am besten Eiertomaten. Um sie zu enthäuten, die Tomaten am unteren Ende kreuzförmig einritzen. In einem Sieb in kochendes Wasser tauchen, bis sich die Haut nach etwa 1 Minute zu lösen beginnt. Tomaten in Eiswasser abschrecken, dann die Haut abziehen und die Tomaten zerkleinern.

Seeteufel mit zweierlei Selleriepüree

Zutaten

2 Portionen

1 kleine und 1 mittlere Sellerieknolle
200 ml Gemüsebrühe
100 g Sahne
300 g Seeteufelfilet (ohne Haut)
1 Bund Petersilie
2 EL Olivenöl
Salz
Pfeffer aus der Mühle
frisch geriebene Muskatnuss
2 EL Zitronensaft

Zubereitungszeit
45 Minuten

1 Die Sellerieknollen schälen. Die kleine Knolle fein würfeln, die größere in 4 etwa 2 cm dicke Scheiben schneiden; den Rest der Knolle ebenfalls würfeln. Den Backofen auf 200 °C vorheizen. Ein Backblech mit Backpapier belegen.

2 Die Gemüsebrühe in einem Topf zum Kochen bringen. Sahne und Selleriewürfel hinzufügen und den Sellerie zugedeckt in etwa 15 Minuten weich kochen. Die Selleriescheiben auf das Backblech legen, mit etwas Öl beträufeln und im heißen Ofen in etwa 20 Minuten knusprig backen.

3 Inzwischen das Seeteufelfilet trocken tupfen und in mundgerechte Stücke schneiden. Die Petersilie waschen und trocken schwenken. Einige Stängel beiseitelegen, von den restlichen die Blätter abzupfen und fein hacken.

4 Das Olivenöl in einer Pfanne erhitzen. Die Petersilienstängel darin knusprig frittieren, herausnehmen und auf Küchenpapier abtropfen lassen. Den Fisch im verbliebenen Öl rundherum 5 Minuten braten. Aus der Pfanne nehmen; warm halten.

5 Die Selleriewürfel in einem Sieb abtropfen lassen. Erst eine Hälfte der Würfel pürieren, dann die zweite Hälfte mit der gehackten Petersilie pürieren. Beide Pürees mit Salz, Pfeffer und Muskat würzen.

6 Die Fischstücke mit Zitronensaft beträufeln und mit Salz und Pfeffer würzen. Die Selleriescheiben auf zwei Teller verteilen. Den Fisch mit dem weißen und dem grünen Selleriepüree darauf anrichten. Alles mit der frittierten Petersilie garnieren und sofort servieren.

Lachs in der Honigkruste mit weißen Bohnen und Blattspinat

Zutaten

4 Portionen

1 EL Öl
1 EL Sojasauce
2 TL flüssiger Honig
2 TL körniger Senf
abgeriebene Schale und Saft von
1 unbehandelten Zitrone
4 Stücke Lachsfilet ohne Haut
(je etwa 125 g)
2 Dosen weiße Bohnen (je 400 g)
1 große Knoblauchzehe, zerdrückt
2 EL Olivenöl
1 Prise Chiliflocken
200 g junger Blattspinat, abgespült
12 Cocktail-Rispentomaten

Zubereitungszeit
20 Minuten

1 Das Öl in einer Schale mit Sojasauce, Honig, Senf und 1 EL Zitronensaft zu einer Marinade verrühren. Die Lachsfiletstücke darin wenden.

2 Die Bohnen in ein Sieb schütten, kalt abspülen und abtropfen lassen. Mit dem Knoblauch, dem Olivenöl, dem restlichen Zitronensaft, der Zitronenschale und den Chiliflocken in einen Topf geben.

3 Eine Grillpfanne oder eine Pfanne heiß werden lassen. Inzwischen den tropfnassen Spinat in einen Topf geben. Bei starker Hitze im zugedeckten Topf in 1–2 Minuten zusammenfallen lassen, dann in einem Sieb abtropfen lassen. Die Bohnen abgießen und bei schwacher Hitze erwärmen.

4 Den Lachs in der heißen Pfanne pro Seite 2–3 Minuten braten, bis er rosa und nicht mehr glasig ist. Nach 1–2 Minuten die Cocktailtomaten zugeben.

5 Die Bohnen mit einem Kartoffelstampfer oder einer Gabel grob zerdrücken. Den Spinat untermischen und das Ganze mit Salz und Pfeffer abschmecken. Die Bohnenmischung auf vier Teller verteilen. Die Lachsfilets darauf anrichten und die Tomaten dazulegen. Sofort servieren.

Thunfisch mit marokkanischen Gewürzen und Bohnensalat

Zutaten

4 Portionen

4 Thunfischsteaks (je etwa 100 g)
4 TL Ras el-Hanout (marokkanische Würzmischung)
300 g grüne Bohnen
2 EL flüssiger Honig
abgeriebene Schale und Saft von 2 unbehandelten Zitronen
1 Dose Flageolet-Bohnen (400 g)
4 Tomaten, in Scheiben geschnitten
2 EL Olivenöl
1 kleine Zwiebel, halbiert und in Halbringe geschnitten
2 große rote Paprikaschoten, in Streifen geschnitten
2 große Knoblauchzehen, in Scheiben geschnitten

Zubereitungszeit
25 Minuten

1 Die Thunfischsteaks auf einen Teller legen und auf beiden Seiten mit Ras el-Hanout bestreuen.

2 In einem Topf Wasser zum Kochen bringen. Die grünen Bohnen hineingeben (sie sollten knapp mit Wasser bedeckt sein). Das Wasser erneut aufkochen und die Bohnen 2 Minuten darin garen. In ein Sieb schütten, kalt abspülen, abtropfen lassen und in eine Schüssel füllen. Sofort Honig, Zitronenschale und Zitronensaft zufügen und gründlich untermischen. Die Flageolet-Bohnenkerne in einem Sieb abtropfen lassen. Mit den Tomaten zu den grünen Bohnen geben.

3 Etwa 1 EL Öl in einer Pfanne bei starker Hitze heiß werden lassen. Zwiebel, Paprikastreifen und Knoblauch darin 1 Minute unter Rühren braten (nicht weich braten!). Zum Salat geben und alles gut mischen.

4 Das restliche Öl in der Pfanne erhitzen. Den gewürzten Thunfisch hineingeben; Gewürzmischung, die am Teller haftet, zufügen. Die Fischsteaks 2 Minuten braten, dann wenden und weitere 2–3 Minuten braten, dabei leicht mit einer Palette daraufdrücken. Sie sollten innen noch rosa sein.

5 Zum Servieren den Bohnensalat auf vier Teller verteilen. Den Thunfisch in Streifen schneiden und auf dem Salat anrichten. Bratsatz und Gewürze aus der Pfanne schaben und auf den Fisch geben. Sofort servieren.

Jakobsmuscheln mit Wok-Gemüse, Nudeln und Brunnenkresse

Zutaten

4 Portionen

200 g dünne asiatische Eiernudeln
1 Knoblauchzehe, zerdrückt
abgeriebene Schale von
1 unbehandelten Zitrone
1 TL mittelscharfer Senf
Blätter von 4 Stängeln Estragon
3 EL Olivenöl
300 g ausgelöste Jakobsmuscheln
ohne Rogen
600 g Wok-Gemüse-Mischung
(z. B. Brokkoli, Paprikaschoten und
Weißkohl)
150 g Brunnenkresse

Zubereitungszeit
20 Minuten

1 Die Nudeln nach Packungsangabe in kochend heißem Wasser einweichen oder weich kochen.

2 Knoblauch, Zitronenschale, Senf und Estragon mit 2 EL Öl in einer Schale zu einer Marinade verrühren. Die Jakobsmuscheln in dicke Scheiben schneiden, in die Marinade legen und darin wenden.

3 Den Wok oder eine große Pfanne heiß werden lassen. Das restliche Öl hineingeben und durch Schwenken verteilen. Das Gemüse darin 5 Minuten pfannenrühren.

4 Die Nudeln in ein Sieb schütten und abtropfen lassen. In eine vorgewärmte Schüssel füllen und das Wok-Gemüse untermischen.

5 Die Muscheln mit der gesamten Marinade in den Wok oder die Pfanne geben und 2–3 Minuten braten, dabei einmal wenden. Die Nudel-Gemüse-Mischung, die gebratenen Muscheln und die Brunnenkresse nebeneinander auf einer Platte oder auf Tellern anrichten.

6 In den Wok bzw. die Pfanne 4 EL heißes Wasser geben und einige Sekunden sprudelnd kochen lassen. Die Flüssigkeit mit einem Löffel auf die Brunnenkresse träufeln und das Gericht sofort servieren.

Barschfilet mit Ingwer und Koriander

Zutaten

4 Portionen

2 EL Ingwer, frisch gerieben
3 Knoblauchzehen, gehackt
½ abgeriebene Zitronenschale
4 EL Korianderblättchen, frisch gehackt
4 Barschfilets (je 140 g)
½ TL Salz
2 ½ TL dunkles Sesamöl
2 EL Zitronensaft, frisch gepresst
120 ml Wasser
1 TL Maisstärke,
vermischt mit 1 EL Wasser

Zubereitungszeit
20 Minuten

1 Ingwer, Knoblauch, Zitronenschale und 2 EL Koriander in einer kleinen Schüssel vermischen. Die Filets mit der Hautseite nach oben auf die Arbeitsplatte legen und die Koriandermischung daraufstreichen. Die Filets in der Mitte zusammenfalten, das Sesamöl darüberträufeln und auf einen hitzefesten Teller legen.

2 Ein Kuchengitter in eine Pfanne setzen und so viel Wasser hineingießen, bis es das Gitter erreicht. Einen Deckel auf die Pfanne legen und das Wasser zum Kochen bringen.

3 Den Teller mit den Fischfilets vorsichtig auf das Gitter über dem kochenden Wasser stellen. Die Pfanne bedecken und die Filets etwa 5 Minuten dämpfen. Mit dem Pfannenwender die Filets auf einen Teller heben und bedecken, damit sie warm bleiben.

4 Den Saft vom Teller der Filets zusammen mit Zitronensaft und Wasser in einen Topf gießen und aufkochen. Die Maisstärkemischung einrühren und die Sauce etwa 1 Minute eindicken lassen. Den restlichen Koriander einrühren und die Sauce vor dem Servieren in eine kleine Sauciere füllen.

Saiblinge mit Erbsen-Tomaten-Gemüse

Zutaten

4 Portionen

4 Saiblingsfilets (je 180 g)
Salz
3 EL Butter
2 Schalotten, fein gehackt
300 g TK-Erbsen
Pfeffer
Zitronensaft
1 Knoblauchzehe
½ TL gemahlener Koriander
1 Bund Petersilie, fein gehackt
250 g Cocktailtomaten, halbiert
800 g Kartoffeln, gegart

Zubereitungszeit
30 Minuten

1 Fischfilets abspülen und mit Küchenpapier trocken tupfen. Die Filets der Länge nach halbieren, dann jede Hälfte in 4 gleich große Stücke schneiden. Wenig salzen und mit etwas Zitronensaft beträufeln.

2 In einem Topf 1 EL Butter erhitzen, Schalotten und gefrorene Erbsen zugeben. Mit Salz, Pfeffer und 1–2 EL Zitronensaft würzen. Zugedeckt 3–4 Minuten bei mittlerer Hitze dünsten.

3 Die restliche Butter (2 EL) in der Pfanne zerlassen, den Knoblauch durch die Presse zugeben und den Koriander unterrühren. Die Fischstücke zugeben und etwa 3 Minuten braten, zwischendurch einmal wenden. Mit Zitronensaft, Salz und Pfeffer würzen.

4 Petersilie unter die Erbsen mischen; mit Salz und Pfeffer würzen. Tomaten unterheben. Erbsengemüse mit dem Fisch auf Tellern anrichten, mit Salzkartoffeln servieren.

Gebratene Scholle

Zutaten

4 Portionen

4 Nordseeschollen
80 g geräucherter Speck
1 Ei
100 g Semmelbrösel
30 g Salz
1 Zitrone

Zubereitungszeit
25 Minuten

1 Die Schollen schuppen, unter fließendem Wasser abspülen und dann die Haut abziehen. Den Speck in kleine Würfel schneiden.

2 Das Ei auf einen Teller schlagen und gut verrühren. Die Semmelbrösel und das Salz auf einem zweiten Teller mischen. Die Schollen erst im Ei, dann in den Semmelbröseln wenden.

3 Den Speck in einer Pfanne auslassen. Dann die Speckstücke herausnehmen und warm stellen. Die Schollen im Fett von beiden Seiten je 5 Minuten braten. Die Zitrone waschen, trocken tupfen und vierteln. Die Schollen auf angewärmten Tellern servieren. Den Speck und die Zitronenviertel dazureichen.

Tipp

Die wie oben vorbereitete Scholle mit Salz und Zitronensaft einreiben und in Milch 30 Minuten stehen lassen. Dann abtrocknen, in Mehl wenden und in 2 EL Butter goldgelb auf beiden Seiten braten. Dann die Scholle auf einer angewärmten Platte mit Scheiben einer unbehandelten Zitrone und Kapern anrichten. Abschließend mit Zitronensaft beträufeln und braune Butter darübergießen.

Zanderschnitten

Zutaten

6 Portionen

1 Zander, etwa 2 kg
1 Zwiebel
1 Bund Petersilie
2 unbehandelte Zitronen
Salz
Pfeffer
40 g Mehl
2 EL Öl
50 g Butter

Zubereitungszeit
40 Minuten

1 Den Zander am Rückgrat entlang der Länge nach in zwei Teile zerlegen, das Fleisch auslösen und dann in schräge Schnitten teilen.

2 Die Zwiebel abziehen und fein reiben. Die Petersilie waschen und trocken tupfen. 8 Stängel beiseitelegen. Dann die Blättchen der restlichen Stängel abzupfen und fein hacken.

3 Die Zitronen waschen und abtrocknen. Von einer Zitrone die Schale abreiben und den Saft auspressen. Die zweite Zitrone in Viertel schneiden. Zwiebel, Petersilie, Salz, Pfeffer, 1/2 TL abgeriebene Zitronenschale und 2 EL Zitronensaft vermischen.

4 Die Zanderschnitten in der Mischung, dann im Mehl wenden. Das Öl und die Butter erhitzen.

5 Die Schnitten darin bei mittlerer Hitze etwa 5–8 Minuten braten. Herausnehmen, auf einer Platte verteilen und mit den restlichen Petersilienstängeln und den Zitronenvierteln verzieren. Dazu passt Baguette oder Salzkartoffeln.

Tipp

Um den Fischgeruch an den Händen zu beseitigen, können Sie Zitronensaft darüberträufeln oder Sie waschen die Hände im Anschluss an die Fischzubereitung mit Zitronenwasser.

Brokkoli und Fisch im Backteig

Zutaten

4 Portionen

2 große Eier
150 g Mehl
125 ml Milch
2 EL Rapsöl
½ TL gemahlener Koriander
2 EL Sesamsamen
2 EL helle Sojasauce
frisch gemahlener Pfeffer
400 g Fischfilet
(z. B. Rotbarsch, Seelachs oder Kabeljau)
1 EL Zitronensaft
Salz
500 g Brokkoliröschen
Butterschmalz zum Frittieren
1 unbehandelte Zitrone

Zubereitungszeit
30 Minuten

1 Die Eier trennen. Aus Eigelben, Mehl, Milch, Öl und 100 ml Wasser einen glatten Teig rühren. Den Teig mit Koriander, Sesam, Sojasauce und etwas Pfeffer würzen.

2 Den Fisch trocken tupfen und in mundgerechte Stücke schneiden. Mit Zitronensaft beträufeln und mit Salz und Pfeffer würzen. Den Brokkoli waschen und in Röschen teilen.

3 In einer hohen Pfanne oder im Wok so viel Butterschmalz zum Frittieren erhitzen, dass die Pfanne damit etwa 2 cm hoch gefüllt ist. Die Eiweiße steif schlagen und unter den Teig heben.

4 Fisch und Brokkoli nacheinander durch den Backteig ziehen, etwas abtropfen lassen und portionsweise im heißen Fett in je 5 – 6 Minuten goldbraun ausbacken. Auf Küchenpapier abtropfen lassen. Ausgebackene Stücke im 100 °C heißen Ofen warm halten.

5 Die Zitrone heiß waschen, trocken reiben und in Spalten schneiden. Zu den frittierten Brokkoli- und Fischstücken servieren.

Frittierte Calamari mit Ajvar-Dip

Zutaten

4 Portionen

1 Ei
125 ml Weißwein oder Bier
Salz
100 g Mehl
1 EL Öl
8 EL scharfer Ajvar (Glas)
4 EL Mayonnaise
1–2 TL Zitronensaft
frisch gemahlener Pfeffer
600 g küchenfertige Tintenfischtuben
Öl zum Frittieren
1 unbehandelte Zitrone

Zubereitungszeit
30 Minuten

1 Für den Ausbackteig das Ei mit Wein oder Bier und Salz verquirlen, dann mit Mehl und Öl zu einem glatten Teig verrühren. 10 Minuten ruhen lassen.

2 Für den Dip Ajvar mit Mayonnaise verrühren und mit Zitronensaft, Salz und Pfeffer würzen.

3 Die Tintenfischtuben unter fließendem Wasser ausspülen, gut trocken tupfen und in 1 cm breite Ringe schneiden.

4 Inzwischen Öl zum Frittieren in einem Topf oder in der Fritteuse erhitzen. Es ist heiß genug, wenn an einem Holzlöffelstiel, den man ins Fett hält, kleine Blasen aufsteigen.

5 Die Calamari-Ringe leicht salzen und portionsweise durch den Ausbackteig ziehen. Im heißen Fett jeweils 1–2 Minuten frittieren. Mit einem Schaumlöffel herausnehmen, auf Küchenpapier kurz abtropfen lassen und im 100 °C heißen Ofen warm halten, bis alle Calamari fertig frittiert sind.

6 Die Zitrone heiß waschen, abtrocknen und in Spalten schneiden. Mit den Calamari und dem Ajvar-Dip auf vorgewärmten Tellern anrichten.

Gebratener Fisch mit Linsengemüse

Zutaten

4 Portionen

1 kleine Zwiebel
1 Möhre
1 Selleriestange
1 große Dose Linsen
(Abtropfgewicht etwa 500 g)
2 EL Olivenöl
2 EL Tomatenmark
250 ml Hühnerbrühe
2 Knoblauchzehen
4 Fischfilets (je etwa 200 g)
Salz
frisch gemahlener Pfeffer
40 g Butter
4 EL gehackte Petersilie
2 unbehandelte Zitronen

Zubereitungszeit
30 Minuten

1 Zwiebel und Möhre schälen, Sellerie waschen und putzen. Alles fein zerkleinern. Die Linsen in ein Sieb schütten und abtropfen lassen.

2 In einem großen Topf 1 EL Olivenöl bei mittlerer Hitze heiß werden lassen. Zwiebel, Sellerie und Möhre darin etwa 5 Minuten dünsten. Tomatenmark unterrühren. Linsen und Brühe hinzufügen. Knoblauch schälen und dazupressen.

3 Die Linsen knapp mit Wasser bedecken. Aufkochen und bei schwacher Hitze 10 Minuten köcheln lassen.

4 Inzwischen die Fischfilets waschen und trocken tupfen, dann salzen und pfeffern. Das restliche Olivenöl (1 EL) mit der Butter in einer großen beschichteten Pfanne bei mittlerer Hitze heiß werden lassen. Die Fischfilets darin auf jeder Seite etwa 3 Minuten braten, bis sie gar und leicht gebräunt sind.

5 Die Linsen abgießen. Mit Salz und Pfeffer abschmecken. Die Petersilie unterrühren. Das Linsengemüse auf Teller verteilen und die Fischfilets darauf anrichten. Nach Belieben mit gegrillten Zitronen servieren.

Backfisch mit Pommes frites

Zutaten

4 Portionen

750 g Fischfilet, ohne Haut
(z. B. Wittling, Kabeljau oder Pangasius)
275 g Mehl
½ TL Salz
375 ml Bier
4 große festkochende Kartoffeln
Öl zum Frittieren
Salz
Zitronenschnitze zum Garnieren

Zubereitungszeit
30 Minuten

1 Die Fischfilets in 5 × 10 cm große Stücke schneiden. Das Mehl mit dem Salz in eine Schüssel sieben. Das Bier mit einem Schneebesen unterrühren, bis ein glatter, dickflüssiger Teig entstanden ist. Falls nötig, etwas Wasser untermischen.

2 Für die Pommes frites die Kartoffeln waschen und in schmale Spalten schneiden; diese mit Küchenpapier trocken tupfen. Die Fritteuse oder einen hohen Topf halb hoch mit Öl füllen. Das Öl auf 180 °C erhitzen (ein Brotwürfel bräunt darin dann in 15 Sekunden).

3 Die Kartoffelspalten 5 – 6 Minuten im heißen Öl frittieren, bis sie fast gar, aber noch hell sind. Mit einem Schaumlöffel herausheben und auf Küchenpapier abtropfen lassen.

4 Die Fischstücke durch den Ausbackteig ziehen; sie sollen ganz davon umhüllt sein. Portionsweise in je 5 – 8 Minuten goldbraun und knusprig frittieren. Auf Küchenpapier abtropfen lassen. Die fertigen Portionen warm halten.

5 Die Kartoffelspalten erneut ins heiße Öl geben und 3 – 4 Minuten frittieren, bis sie gar, goldbraun und knusprig sind. Auf Küchenpapier abtropfen lassen. Mit Salz bestreuen und mit Zitronenschnitzen zum Backfisch servieren.

Schollenfilets mit Speckgemüse

Zutaten

4 Portionen

4 Schollenfilets (je etwa 150 g)
2 EL Zitronensaft
Salz
frisch gemahlener Pfeffer
200 g Möhren
1 junger Kohlrabi
1 Zwiebel
100 g Baconstreifen (Kühlregal)
2 EL Mehl
2 EL Butter
100 ml Gemüsebrühe
1 Prise Zucker
1 Bund Schnittlauch

Zubereitungszeit
30 Minuten

1 Die Schollenfilets trocken tupfen. Auf beiden Seiten mit Zitronensaft beträufeln, salzen und pfeffern.

2 Die Möhren und den Kohlrabi putzen, schälen und in streichholzlange, dünne Stifte schneiden. Die Zwiebel schälen und fein würfeln.

3 Die Baconstreifen in einer großen Pfanne bei schwacher Hitze in 5 Minuten ausbraten; herausnehmen und auf Küchenpapier abtropfen lassen.

4 Inzwischen die Fischfilets im Mehl wenden; überschüssiges Mehl abklopfen. Filets im heißen Speckfett 2–3 Minuten braten, dabei einmal wenden.

5 Gleichzeitig in einer großen beschichteten Pfanne die Butter zerlassen. Das Gemüse darin unter Rühren 2 Minuten braten. Die Brühe dazugießen und das Gemüse bei mittlerer Hitze offen in etwa 5 Minuten unter gelegentlichem Rühren bissfest dünsten. Mit Salz, Pfeffer und Zucker würzen.

6 Den Schnittlauch abbrausen, trocken schütteln und in Röllchen schneiden. Die Speckstreifen unter das Gemüse mischen. Die Fischfilets auf vorgewärmte Teller verteilen, das Speckgemüse darauf anrichten. Alles mit den Schnittlauchröllchen bestreuen und servieren.

Gegrillt & gebacken

Blätterteigtaschen mit Lachs und Zaziki

Zutaten

4 Portionen

1 Rolle gekühlter Blätterteig (etwa 275 g)
150 g Lachsfilet ohne Haut, in 1–2 cm große Würfel geschnitten
25 g Fenchelgrün oder Dillspitzen, gehackt
25 g Schnittlauchröllchen
100 g TK-Dicke-Bohnen-Kerne
Salz
frisch gemahlener Pfeffer
1 Ei, verquirlt
100 g Ricotta
½ Salatgurke
1 Knoblauchzehe, zerdrückt
200 g griechischer Sahnejoghurt

Zubereitungszeit
35 Minuten

1 Den Blätterteig aus dem Kühlschrank nehmen und (so es die Zeit erlaubt) in der Verpackung in 20 Minuten Raumtemperatur annehmen lassen. Den Backofen auf 240 °C vorheizen. Für die Füllung die Lachsstücke mit den Kräutern und den gefrorenen Bohnen in eine Schüssel geben. Salz und Pfeffer zufügen und alles gut mischen.

2 Den Teig entrollen und in 4 knapp 20 x 15 cm große Rechtecke schneiden. Die Teigrechtecke mit dem verquirlten Ei bestreichen. Die Füllung mittig so auf die Teigstücke häufen, dass oben und unten ein schmaler Streifen sowie an den Längsseiten links und rechts ein breiter Rand frei bleibt. Auf die Lachsmischung Ricottatupfen setzen. Die breiten Ränder über die Füllung schlagen und fest zusammendrücken. Die offenen Teigränder ebenfalls zusammendrücken.

3 Die Teigtaschen auf ein mit Wasser befeuchtetes Backblech legen und im Ofen 20 Minuten backen, bis sie aufgegangen und goldbraun sind.

4 In der Zwischenzeit für das Zaziki die halbe Gurke schälen und in ein Sieb raspeln. Überschüssige Flüssigkeit über dem Spülbecken ausdrücken. Die Gurkenraspel mit dem Knoblauch unter den Joghurt mischen. Das Zaziki in eine Servierschale füllen und zu den Blätterteigtaschen servieren.

Forelle mit Mandeln

Zutaten

6 Portionen

1 Lachsforelle von 1,2 kg oder
3 Forellen zu je 400 g
Salz, Pfeffer
250 g Mandeln
100 g Mandelblättchen
2 EL Olivenöl
5 EL Weißwein
3 Zweige frische Minze

Zubereitungszeit
40 Minuten

1 Die Lachsforelle oder die Forellen ausnehmen. Unter fließend kaltem Wasser abspülen und mit Küchenpapier trocken tupfen. Innen und außen mit Salz und Pfeffer einreiben.

2 Die Mandeln halbieren und die Kerne herausnehmen. Schälen und sehr fein hacken. Den Backofen auf 180 °C (Gas Stufe 2–3) vorheizen.

3 Die Mandelkerne in die Lachsforelle oder die Forellen füllen. Den Fisch in eine flache Auflaufform oder Kasserolle legen.

4 Das Öl und den Wein über den Fisch gießen. Die Minzezweige waschen, trocken tupfen, halbieren und auf dem Fisch verteilen.

5 Die Mandelblättchen über die Lachsforelle oder die Forellen streuen. Den Fisch im vorgeheizten Ofen 25 Minuten backen.

Seelachsfilet mit Kräuter-Knoblauch-Tomaten

Zutaten

2 Portionen

400 g Tomaten
Olivenöl für die Form
Salz
Pfeffer aus der Mühle
¼ Bund Petersilie
¼ Bund Basilikum
2 EL Olivenöl
3 Zehen von 1 jungen Knoblauchknolle
400 g Seelachsfilet
3 EL Pinienkerne

Zubereitungszeit
35 Minuten

1 Die Tomaten waschen und quer in Scheiben schneiden, dabei die Stielansätze entfernen. Eine Auflaufform mit etwas Olivenöl fetten, die Tomatenscheiben hineinlegen und mit Salz und Pfeffer würzen. Den Backofen auf 200 °C vorheizen.

2 Petersilie und Basilikum waschen und trocken schwenken. Die Blättchen abzupfen, ein paar beiseitelegen und die restlichen fein hacken. Die Kräuter mit dem Olivenöl fein pürieren. Das Kräuteröl mit Salz und Pfeffer würzen.

3 Die Knoblauchzehen nicht schälen, dickere Zehen längs halbieren. Knoblauch und Kräuteröl auf den Tomaten verteilen und im heißen Ofen etwa 5 Minuten garen. Das Fischfilet mit Küchenpapier trocken tupfen und in Stücke schneiden.

4 Die Tomaten aus dem Ofen nehmen. Die Fischstücke darauflegen, mit etwas Tomatensud bestreichen und mit Salz und Pfeffer würzen. Die Pinienkerne darüberstreuen, Tomaten und Fisch in den Ofen stellen und etwa 15 Minuten garen.

5 Den Seelachs mit den Knoblauch-Tomaten auf zwei vorgewärmten Tellern anrichten und mit den ganzen Petersilien- und Basilikumblättchen garnieren. Dazu passen kleine Salzkartoffeln oder Baguette.

Fischfilets aus dem Ofen mit Sauce tartare

Zutaten

4 Portionen

125 ml Mayonnaise
2 EL gehackte Dillspitzen
1 EL sehr fein gewürfelte entkernte Salatgurke
1 EL sehr fein gewürfelte Dillgurken, trocken getupft
1 EL sehr fein gewürfelter Stangensellerie
1 TL Apfelessig
4 Fischfilets (je etwa 150 g)
Salz und schwarzer Pfeffer aus der Mühle
1 Eiweiß
135 g Panko (japanisches Paniermehl)
Olivenöl

Zubereitungszeit
30 Minuten

1 Für die Sauce tartare in einer kleinen Schüssel die Mayonnaise mit 1 EL Dill, Gurken- und Selleriewürfeln und dem Essig mischen. Bis zur Verwendung kalt stellen. Den Backofen auf 230 °C vorheizen.

2 Fischfilets nach Geschmack mit Salz und Pfeffer würzen und mit restlichem Dill bestreuen. In einer flachen Schüssel das Eiweiß mit 2 EL Wasser schaumig schlagen. In einer zweiten flachen Schüssel das Paniermehl bereitstellen. Fischfilets erst im Eiweiß, dann im Paniermehl wenden, bis sie gleichmäßig von Panade überzogen sind.

3 Ein Backblech mit Rand mit Öl beträufeln. Das Öl 5 Minuten im Backofen kräftig erhitzen. Vorsichtig den panierten Fisch darauflegen und im Ofen 5 Minuten braten. Mit einem Fischheber wenden und 8–10 Minuten weiterbraten, bis die Filets außen knusprig sind und das Fleisch an der dicksten Stelle im Inneren nicht mehr glasig ist. Mit der gekühlten Sauce tartare servieren.

Heilbutt im Lauchpäckchen

Zutaten

2 Portionen

1 Stange Lauch
6 Oliven (mit Paprika gefüllt)
2 Knoblauchzehen
8 Zweige Thymian
2 unbehandelte Zitronen
2–3 EL Olivenöl
Salz
Pfeffer aus der Mühle
2 Heilbuttkoteletts (je 200 g)

Zubereitungszeit
45 Minuten

1 Den Backofen auf 200 °C vorheizen. Lauch putzen, waschen und in etwa 5 cm lange Streifen schneiden. Die Oliven in Scheiben schneiden. Knoblauch schälen und halbieren.

2 Den Thymian waschen, trocken schwenken und etwas zerpflücken. Eine Zitrone heiß waschen, trocken tupfen und in Spalten schneiden, die zweite auspressen. Für die Marinade 2 EL Zitronensaft mit 1 EL Öl, Salz und Pfeffer verrühren.

3 Zweimal je 2 Blätter Butterbrotpapier (je 20 × 30 cm) oder 1 Blatt Backpapier aufeinanderlegen und dünn mit Öl bestreichen. Den Lauch darauf verteilen, salzen und pfeffern.

4 Die Heilbuttkoteletts trocken tupfen und jeweils eines auf eine Lauchportion legen; mit der Marinade beträufeln. Oliven, Thymian, Zitronenspalten und Knoblauch darauf verteilen.

5 Das Pergamentpapier über den Koteletts zusammenfalten und mit Küchengarn locker zu Päckchen verschließen. Eine ofenfeste Form mit Öl fetten. Die Päckchen in die Form setzen und im heißen Ofen (Mitte) etwa 20 Minuten garen.

Tipp

Der Heilbutt fördert dank Vitamin D und Kalzium die Knochendichte und stärkt mit Jod das Immunsystem. Eiweiß, Omega-3-Fettsäuren, Kalium, Eisen, Vitamin B_6 und B_{12} sind in gesundheitsrelevanten Mengen vorhanden.

Lachs in Weißwein

Zutaten

6 Portionen

1 Stück Lachs, etwa 900 g
Salz, Pfeffer
3 Schalotten
3 Tomaten
1 Stängel frische Minze
2 Stängel frischer Thymian
90 g Butter
etwa 150 ml trockener Weißwein

Zubereitungszeit
35 Minuten

1 Das Lachsstück unter fließend kaltem Wasser abspülen, mit Küchenpapier trocken tupfen und in 6 gleich große Scheiben schneiden. Salzen und pfeffern.
In einem Topf Wasser zum Kochen bringen.

2 Den Backofen auf 240 °C (Gas Stufe 5 – 6) vorheizen. Die Schalotten abziehen und fein hacken.

3 Die Tomaten mit kochendem Wasser überbrühen und mit einem kleinen Messer die Haut abziehen. Halbieren, von den Samen befreien und in Würfel schneiden.

4 Die Minze waschen, trocken tupfen und mit einer Schere klein schneiden. Die Thymianstängel waschen und trocken tupfen; die Blätter abzupfen.

5 Aus Aluminiumfolie 6 quadratische Stücke mit jeweils 30 cm Kantenlänge schneiden und auf jedes Stück eine Lachsscheibe legen.

6 Die Schalotten, die Tomaten, die Minze und den Thymian gleichmäßig auf dem Lachs verteilen.

7 Jeweils ein Stück Butter auf die Mitte legen und jeweils 1 EL Weißwein darübergießen.

8 Die Aluminiumfolie fest verschließen und den Lachs im vorgeheizten Ofen etwa 15 Minuten backen.

Rotzunge mit Senfmayonnaise und Estragon-Orangen-Zucchini

Zutaten

4 Portionen

1 EL Olivenöl
4 Zucchini, längs halbiert
4 Rotzungenfilets mit Haut (je etwa 100 g)
4 EL Mayonnaise
2 TL Dijonsenf
Blätter von 2 Zweigen Estragon
grob abgeriebene Schale von 1 unbehandelten Orange
Orangenschnitze zum Servieren

Zubereitungszeit
20 Minuten

1 Den Backofengrill auf höchster Stufe vorheizen. Eine Auflaufform dünn mit etwas Öl fetten. Die Zucchinihälften mit den Schnittflächen nach unten hineinlegen, mit etwas Öl bestreichen und 3 Minuten grillen. Wenden, erneut mit Öl bestreichen und weitere 4–5 Minuten grillen, bis sie braun und weich sind. Die Form aus dem Ofen nehmen und beiseitestellen.

2 In der Zwischenzeit den Fisch vorbereiten. Ein Backblech dünn mit Öl fetten und die Filets mit den Hautseiten nach unten darauflegen. Die Mayonnaise mit dem Senf verrühren und die Filets gleichmäßig mit dieser Mischung bestreichen. Die Fischfilets etwa 5 Minuten unter dem Grill bräunen, bis sie gar sind. Falls die Filets in den ersten 1–2 Minuten zu schnell Farbe annehmen sollten, das Backblech etwas tiefer in den Ofen schieben.

3 Die Zucchini mit Estragon und Orangenschale bestreuen. Die Fischfilets auf vorgewärmte Teller geben und die Zucchini daneben anrichten. Mit Orangenschnitzen garnieren und servieren.

Tipp

Statt der Rotzungenfilets können Sie Seezungenfilets verwenden. Ihre Haut ist zäh und wird nicht mitgegessen, die Filets selbst sind dünn und daher schnell gar.

Gebackener Seeteufel mit Rosmarin, Tomate und Limette

Zutaten

4 Portionen

Olivenöl für die Folie
500 g küchenfertiges Seeteufelfilet, in 2 Stücken
2 große Knoblauchzehen, längs geviertelt
2 Zweige Rosmarin, in Stücke gebrochen
1 unbehandelte Limette
25 g Butter
4 Tomaten, halbiert

Zubereitungszeit
35 Minuten

1 Den Backofen auf 200 °C vorheizen. Zwei Stücke Alufolie zurechtschneiden, die so groß sind, dass sich jeweils ein Fischfilet hineinwickeln lässt. Die Folie auf der Innenseite dünn mit Olivenöl bepinseln.

2 Auf jedes Folienstück ein Seeteufelfilet legen und dieses rundum mehrmals einritzen. In die Schlitze Knoblauchviertel und Rosmarinstückchen stecken.

3 Anschließend die Limettenschale über den Fischfilets abreiben. Die Enden von der Frucht abschneiden und die Limette in 4 dicke Scheiben schneiden. Etwas Saft daraus auf den Fisch träufeln und die Scheiben anschließend auf den Fisch legen. Die Butter in Flöckchen auf den Fisch geben und die Filets mit Salz und Pfeffer würzen.

4 Die halbierten Tomaten mit den Schnittflächen nach oben neben den Fisch legen. Die Folienränder über der Füllung zusammenschlagen und die Ränder zusammenfalten.

5 Die vorbereiteten Fischpäckchen auf ein Backblech legen und 10 Minuten im heißen Ofen garen. Die Päckchen öffnen und den Fisch weitere 10 Minuten garen, bis er nicht mehr glasig ist und sich leicht zerpflücken lässt (an einer Stelle mit einer Messerspitze testen). Die Filets längs halbieren und mit den Tomaten auf Tellern anrichten. Mit dem Garsud aus den Päckchen beträufeln und sofort servieren.

Makrelenfilets mit Orangenglasur und Äpfeln

Zutaten

4 Portionen

4 Makrelenfilets (je etwa 80 g)
4 TL Olivenöl
2 Äpfel, geschält
Blätter von 1 Zweig Rosmarin
3 EL Orangenmarmelade
3 EL Apfelessig

Zubereitungszeit
15 Minuten

1 Falls nötig, die Makrelenfilets entgräten. Den Backofengrill auf höchster Stufe vorheizen. Eine flache Auflaufform mit etwas Öl ausfetten und die Makrelenfilets mit den Hautseiten nach oben hineinlegen. (Sie können die Filets auch auf ein Backblech geben.) Die Haut der Filets je dreimal einritzen, damit sich die Filets beim Garen nicht aufrollen.

2 Die Äpfel vierteln. Die Viertel von den Kerngehäusen befreien und in je 3–4 Scheiben schneiden. Die Filets mit den Apfelstücken umlegen. Fisch und Äpfel mit dem restlichen Öl bestreichen und mit dem Rosmarin bestreuen.

3 Anschließend die Filets 2–3 Minuten grillen, bis die Haut stellenweise Farbe angenommen hat. Inzwischen die Marmelade in einer Schüssel mit dem Essig verrühren. Filets und Apfelstücke wenden, damit die gerösteten Seiten unten sind. Etwas von der Marmeladenmischung auf die Äpfel streichen, den Rest gleichmäßig auf dem Fisch verteilen. Alles weitere 2 Minuten grillen, bis Äpfel und Fisch stellenweise gebräunt sind. Der Fisch soll nun fest und nicht mehr glasig sein und sich leicht zerpflücken lassen. Sofort servieren.

Pikante Thunfisch-frikadellen

Zutaten

4 Portionen

600 g mehligkochende Kartoffeln, geschält und in Stücke geschnitten
25 g Butter
1 Dose Maiskörner (etwa 200 g)
1 Dose Thunfisch (185 g)
1 EL Tafelmeerrettich
2 EL gehackte Petersilie
3 Frühlingszwiebeln, gewürfelt
2 EL Mehl
2 EL Sonnenblumenöl

Zubereitungszeit
30 Minuten

1 Die Kartoffeln in kochendem Wasser in 15–20 Minuten weich garen. In einem Sieb abtropfen lassen, dann im Topf mit der Butter zu einem glatten Püree zerdrücken.

2 Mais und Thunfisch abtropfen lassen. Mit Tafelmeerrettich, gehackter Petersilie und Frühlingszwiebeln unter das Kartoffelpüree mischen. Die Masse abschmecken und etwas abkühlen lassen.

3 Aus dem Fischteig 8 Frikadellen (je etwa 7 cm) formen und diese auf beiden Seiten mit Mehl bestäuben.

4 Das Öl in einer großen Pfanne bei mittlerer Hitze heiß werden lassen. Die Frikadellen darin pro Seite 3–4 Minuten braten, bis sie schön gebräunt sind; mit einer Palette wenden. Falls die Pfanne nicht groß genug ist, können Sie die Frikadellen in zwei Portionen braten und die erste Portion warm halten, während die zweite gart. Sofort servieren.

Tipp

Geben Sie 1 gehackte grüne Chilischote, abgeriebene Limettenschale und gehacktes Koriandergrün zum Fischteig.
Oder mischen Sie abgeriebene Zitronenschale, gehackte Petersilie und Kapern darunter.
Alternative: Statt Petersilie können Sie 2 EL Pesto zum Fischteig geben.

Forelle im Apfelbett

Zutaten

4 Portionen

150 g Fenchel, in Streifen geschnitten
125 g Lauch, in feine Ringe geschnitten
2 saure Tafeläpfel, geschält, ohne Kerngehäuse und gewürfelt
4 Regenbogenforellen, küchenfertig, je 250 g
Salz und schwarzer Pfeffer
¼ l trockener Apfelwein
4 EL saure Sahne

Zum Garnieren
gehackte Petersilie, Schnittlauchröllchen, Kerbelstängel und nach Belieben Zitronenspalten

Zubereitungszeit
30 Minuten

1 Den Backofen auf 190 °C (Gas: Stufe 3) vorheizen.

2 Fenchel, Lauch und Apfelwürfel in eine große Auflaufform geben. Die Forellen kräftig innen und außen würzen, auf das Gemüse legen und den Apfelwein dazugießen. Die Auflaufform mit einem Deckel oder mit Aluminiumfolie verschließen und etwa 15–20 Minuten backen, bis der Fisch gerade gar ist und sich leicht zerteilen lässt.

3 Die Fische auf eine vorgewärmte Servierplatte legen und zum Warmhalten mit Aluminiumfolie bedecken.

4 Das Gemüse und die Flüssigkeit aus der Auflaufform in einen Topf geben und aufkochen. Bei reduzierter Hitze 5 Minuten einkochen lassen, bis die Flüssigkeit etwas eindickt. Abschmecken und die saure Sahne unterrühren.

5 Die Forellen mit Kräutern garnieren und mit dem Gemüse und der Sauce auf Tellern servieren. Nach Belieben mit Zitronenspalten garnieren. Dazu passen Möhren und Kartoffelpüree.

Zander mit buntem Pfeffer und breiten Bohnen

Zutaten

4 Portionen

3 Zweige Bohnenkraut
600 g breite grüne Bohnen, in 5 cm lange Stücke geschnitten
4 Zanderfilets (je 150 g)
Salz
schwarzer Pfeffer
10 g weiche Butter
½ unbehandelte Zitrone
1 TL grob geschroteter bunter Pfeffer (oder nach Belieben)
2 EL Olivenöl

Zubereitungszeit
35 Minuten

1 In einen breiten Topf oder Dämpftopf 2 cm hoch Wasser füllen, das Bohnenkraut hineinlegen. Die Bohnen in den passenden Dämpfeinsatz geben und diesen in den Topf setzen. Den Topf fest verschließen. Wasser aufkochen. Die Bohnen bei mittlerer Hitze etwa 10 Minuten dämpfen.

2 In der Zwischenzeit den Backofen auf 200 °C vorheizen. Die Zanderfilets mit Salz und Pfeffer würzen. 4 große Stücke Alufolie jeweils in der Mitte mit Butter bestreichen. Die Fischfilets darauflegen.

3 Von der Zitronenhälfte ein etwa 10 cm langes Stück Schale dünn abschneiden, dieses in sehr feine Streifen schneiden. Zitronenhälfte auspressen. 2 EL Zitronensaft über die Fischstücke träufeln, Zitronenschalenstreifen, bunten Pfeffer und Olivenöl auf die Zanderfilets verteilen.

4 Die Alufolienstücke zu Päckchen falten. An den Enden mehrfach zusammendrücken, damit kein Saft austreten kann. Die Päckchen auf ein Backblech setzen. Den Fisch im heißen Ofen 15 Minuten garen.

5 Die gedämpften Bohnen auf vorgewärmten Tellern anrichten. Fischfilets aus den Päckchen nehmen und auf die Bohnen setzen, den Garsud darübergießen. Sofort servieren. Dazu passen Ofenkartoffeln oder Tomatenrisotto.

Sommerliche Fischspieße

Zutaten

4 Portionen

300 g Seeteufelfilet
300 g Rotbrassenfilet
2 Knoblauchzehen, fein gehackt
Salz
1 Chilischote, entkernt und fein gewürfelt
Kräuter der Provence
4 EL Olivenöl
Saft von 1 Zitrone
2 kleine Zucchini,
in 16 Scheiben geschnitten
16 Cocktailtomaten
200 g Reis, gekocht

Zubereitungszeit
40 Minuten

1 Die Fischfilets jeweils in 16 etwa 3 cm große Stücke schneiden. Knoblauch, 1/2 TL Salz, Chilischote, 1/2 TL Kräuter, Olivenöl und Zitronensaft verrühren.

2 Die Fischstückchen in einer Schüssel mit der Kräutermarinade mischen und zugedeckt etwa 1 Stunde ziehen lassen.

3 Acht Bambusspieße wässern. Im Wechsel Fischstückchen, Zucchini und Tomaten auf die Spieße stecken; also je 2 Tomaten und Zucchinischeiben sowie 4 Fischstücke pro Spieß. Die Fisch-Gemüse-Spieße mit der Marinade bestreichen.

4 Die Spieße auf eine Grillschale legen, dann auf dem heißen Grill 5–6 Minuten grillen, wenden und weitere 5–6 Minuten grillen. Zwischendurch immer wieder mit der Marinade bestreichen. Die Spieße mit Reis oder italienischem Landbrot servieren.

Tipp

Aus den Zutaten für die Fischspieße können Sie auch eine leckere Fischpfanne zubereiten. Dafür zuerst das Gemüse kurz in der Marinade dünsten, dann die Fischstückchen zugeben und etwa 3 Minuten mitdünsten, bis sie gar sind. Mit Salz und Pfeffer abschmecken und sofort servieren.

Zanderfilet mit Senfkruste

Zutaten

4 Portionen

8 Petersilienstängel
60 g weiche Butter, mehr für die Form
2½ EL körniger Senf
2 EL Semmelbrösel
2 EL Zitronensaft
Salz
frisch gemahlener Pfeffer
1 Messerspitze abgeriebene Schale von
1 unbehandelten Zitrone
4 Zanderfilets ohne Haut (je 200 g)
1 Dose Linsen (Abtropfgewicht 530 g)
200 g Cocktailtomaten
3 Frühlingszwiebeln
1 getrocknete Chilischote
20 g kalte Butter

Zubereitungszeit
30 Minuten

1 Die Petersilie waschen, Blättchen abzupfen und fein hacken. Die weiche Butter mit Senf, Semmelbröseln, der Hälfte der Petersilie und 1 TL Zitronensaft cremig rühren. Mit Salz, Pfeffer und Zitronenschale würzen.

2 Die Fischfilets salzen, pfeffern und mit 1/2 EL Zitronensaft beträufeln, dann auf den oberen Seiten mit der Senfcreme bestreichen. Zugedeckt etwa 10 Minuten kalt stellen, damit die Creme fest wird.

3 Inzwischen eine flache Auflaufform fetten. Den Backofen auf 250 °C vorheizen. Linsen in einem Sieb abtropfen lassen. Tomaten waschen und halbieren. Frühlingszwiebeln putzen, waschen und fein zerkleinern. Chilischote fein hacken.

4 Linsen, Tomaten, Frühlingszwiebeln, restliche Petersilie, restlichen Zitronensaft und Chilischote mischen. Die Linsenmischung in die Form füllen. Die kalte Butter klein würfeln und auf der Linsenmischung verteilen.

5 Die Zanderfilets auf die Linsenmischung legen und im heißen Ofen (Mitte) etwa 8 Minuten überbacken. Den Ofen auf Grillstufe umschalten. Das Ganze etwa 2 Minuten gratinieren, bis die Senfkruste knusprig ist.

Lachsgratin mit Meerrettichkruste und Möhren

Zutaten

4 Portionen

75 g weiche Butter, mehr für die Form
2 TL geriebener Meerrettich (Glas)
2 EL Semmelbrösel
Salz
frisch gemahlener Pfeffer
4 Lachsfilets ohne Haut (je 125 g)
½ EL Zitronensaft
750 g Möhren
250 ml Gemüsebrühe
1 Prise Zucker
¼ TL gemahlener Koriander
25 g kalte Kräuterbutter
½ Bund Schnittlauch

Zubereitungszeit
30 Minuten

1 Die Butter mit dem Meerrettich und den Semmelbröseln cremig rühren. Mit Salz und Pfeffer abschmecken.

2 Die Lachsfilets trocken tupfen. Mit Salz und Pfeffer bestreuen und mit Zitronensaft beträufeln. Die Filets auf der oberen Seite mit der Meerrettichbutter bestreichen, dann zugedeckt etwa 10 Minuten in den Kühlschrank stellen, damit die Butter fest wird.

3 Inzwischen eine Gratinform fetten. Sie sollte so groß sein, dass die Fischfilets in der Mitte und daneben die Möhren Platz finden.

4 Den Backofen auf 250 °C vorheizen. Die Möhren schälen und in feine Stifte schneiden oder hobeln. Die Gemüsebrühe aufkochen lassen; Zucker dazugeben. Die Möhrenstreifen in der kochenden Brühe 5 Minuten zugedeckt garen, dabei gelegentlich umrühren. Mit Salz, Pfeffer und Koriander würzen.

5 Die Lachsfilets in die Mitte der Form legen. Die Möhren neben die Fischfilets platzieren. 4 EL vom Gemüsegarsud über das Gemüse träufeln. Die Kräuterbutter in kleine Würfel schneiden und auf den Möhren verteilen.

6 Das Gratin im heißen Ofen (Mitte) etwa 8 Minuten überbacken. Danach den Ofen auf Grillstufe umschalten und die Meerrettichkruste in etwa 2 Minuten knusprig werden lassen. Den Schnittlauch waschen und in Röllchen schneiden. Lachs und Möhren mit Schnittlauch bestreuen.

Register

Impressum und Bildnachweis

Einleitung
Ingeborg Pils für bookwise GmbH, München

Reader's Digest
Redaktion: Falko Spiller
Grafik: Klaus Eitel
Prepress: Frank Bodenheimer

Redaktionsdirektor: Michael Kallinger
Chefredakteurin Buch: Dr. Renate Mangold
Art Director: Susanne Hauser

Produktion
arvato distribution: Thomas Kurz

Druckvorstufe
BORN London Limited

Druck und Binden
Mohn Media Mohndruck, Gütersloh

GR 2592/G
Printed in Germany
ISBN 978-3-95619-260-9

Bildnachweis
Alle Bildrechte bei Reader's Digest außer auf den Seiten 6 iStockphoto.com/stephankerkhofs; 8 iStockphoto.com/Alex-Raths; 9 iStockphoto.com/Wiktory